Inhalt

Zuordnung des Text- und Bildmaterials im Schülerarbeitsheft zu den jeweiligen Doppelstunden/Unterrichtsschritten

Doppelstunde/	Unterrichtsschritt	Text (Nummer)	Abbildung
1	1	2	
	2		Farbtafel
	3	3	
	4		Farbtafel
	5		
	6	3	
	7	3	
2	1	4, 5, 6, 7, 8, 9, 10	Farbtafel
	2	4, 5, 6, 7, 8, 9, 10	
	3		
	4		
3	1	11	
	2	12	S. 4
	3		
	4		Farbtafeln
	5	14, 15, 16, 17, 18	S. 5
	6		
4	1	19	S. 5
	2	19, 20, 23	S. 6, 7
	3	22	S. 6
	4	24	S. 7
	5	25	
5	1		
	2	26	
	3	26, 27, 28, 29	S. 8
	4	27, 28, 29, 30	S. 8
	5	31, 32, 33, 34	S. 9
6	1		Farbtafel
	2	35, 36, 37	
	3	36, 37	
	4	36, 37	
	5	36, 37	
	6	36, 37	
	Hausaufgabe	36, 37	

7	1		
	2	38	
	3	39	
	4	39	
	5		(S. 13)
8	1	39, 40	S. 12
	2		
	3		Bildtafel
	4	41	S. 14; Bildtafel
	5	42	
	6	43	Bildtafel
	7	44	Bildtafel
	Hausaufgabe	45	Bildtafel
9	1	46	S. 16
	2		S. 16
	3	47	S. 17, Bildtafel
	4		
10	1	49, 50	
	2	51	S. 19; Bildtafel
	3	52, 53, 54	S. 19; Bildtafel
	4	55	
11	1	56	
	2	57	Bildtafel
	3		S. 20–23; Bildtafel
	4	58, 59	
	5	60, 61, 62	
	6	63	
	7	64	
	Hausaufgabe		Farbtafeln
12	1		Farbtafeln
	2	66	
	3	66	
	4	65	
	5	66	
13	1	66	S. 24, 26
	2	66, 67	
	3	66, 68, 69	S. 25
	4	66, 68, 69	
14	1	70, 71, 72, 73	S. 28, 29; Bildtafeln
	2	70, 71, 72, 73	S. 28, 29; Bildtafeln
	3	70, 71, 72, 73	S. 28
	Hausaufgabe	3	Farbtafel
15	1	75	
	2	75	
	3	74	
	4	76	
	5	77, 78	
	6	79, 80	

I Didaktischer Kommentar zum Thema

1. Zur Stellung des Themas im Kunstunterricht

Die Werkbetrachtung ist seit etwa hundert Jahren Bestandteil des Kunstunterrichts. Die Notwendigkeit einer begrifflichen Bearbeitung bildnerischer Werke durch Schüler steht außer Zweifel. In den Richtlinien aller Länder der Bundesrepublik für dieses Fach wird hierauf ausdrücklich eingegangen. Es ist inzwischen feste Überzeugung aller Fachlehrer, daß Bildwerke in Teil- und Gesamtanalysen sprachlich erschlossen werden müssen. Dies wird für den Erkenntnisgewinn des Einzelnen sowie für die Weiterführung im bildnerisch-praktischen Unterricht als nützlich erachtet.

So ist es folgerichtig, Aspekte der Werkbetrachtung unter besonderer Berücksichtigung ihrer Methoden als Unterrichtsinhalt für Grund- und Leistungskurse des Fachs der reformierten Oberstufe zu fördern.

Die in den einschlägigen Empfehlungen getroffene Zuordnung der allgemeinen Einführung in die Methoden der Analyse und Interpretation in den Grundkursbereich und ihrer speziellen Anwendung mit unterschiedlichen Themenschwerpunkten in den Leistungskursbereich wirkt auf den ersten Blick bestechend. Analysiert man jedoch, was Lehrer dieser Schulstufe hierunter konkret verstehen, kann man – neben der allgemein anerkannten Möglichkeit, durch praktische Bearbeitung (Kompositionsskizzen, Collagen etc.) Einsicht in die Eigenart bildnerischer Werkgestalt zu erhalten – sich einander ausschließende Meinungen auffinden. Einige befürworten die Anwendung kunstwissenschaftlicher Methoden der Bildanalyse. Sehr häufig wird dabei z.B. die von Hans Sedlmayr entwickelte „Strukturanalyse des Einzelwerks“ herangezogen oder versucht, sich an die von E. Panofsky entwickelte „Ikonologische Interpretationsmethode“ anzulehnen. Andere wenden sich, mehr oder weniger bewußt, einer stilgeschichtlichen Bearbeitung ausgewählter Einzelwerke zu. Viele wiederum sind auch der Auffassung, eine fachspezifische Bildbetrachtung ließe sich unter Einschluß der praktisch-bildnerischen Arbeit des Schülers unabhängig von den Methodenfragen der Kunstwissenschaft durchführen.

Für die eine – mehr kunstwissenschaftlich orientierte – Gruppe stellten Fachdidaktiker hier und da Quellensammlungen zusammen, wobei die Entscheidung über den methodischen und inhaltlichen Aspekt, dem die Bearbeitung untersteht, dem Lehrer freigestellt bleibt (z. B. E. Dornhaus: Methoden der Kunstbetrachtung. Materialien für die Sekundarstufe II. Arbeitstexte für den Kunstunterricht. Hannover 1981). Hin und wieder tauchen auch Betrachtungen über den didaktischen Wert vor allem der zwei oben erwähnten kunstwissenschaftlichen Methoden auf, ohne sie aber konkret für den Unterricht auszuarbeiten. Man kann auch feststellen, daß vor allem die Strukturanalyse von Sedlmayr vielen Fachdidaktikern dazu dient, Veröffentlichungen zur Werkbetrachtung methodisch zu untermauern und inhaltlich auszubauen. Bis zu einer für den Unterricht brauchbaren Aufbereitung als Kursangebot ist es dabei bisher allerdings nicht gekommen.

Für die mehr stilgeschichtlich orientierten Lehrer stehen schon seit geraumer Zeit Unterrichtswerke zur Verfügung, die hin und

wieder auch durch entsprechend zusammengestellte Diapositivsammlungen ergänzt sind (z. B. H. Braun: Formen der Kunst. Eine Einführung in die Stilkunde. 4 Bd. München o. J.). Bei diesem Angebot handelt es sich in der Regel um einen Überblick über die deutsche Kunstgeschichte, dargelegt an exemplarisch ausgewählten Einzelwerken der Grafik, Malerei, Plastik und Architektur. Ziele und Grenzen der stilgeschichtlichen Betrachtungsmethode – wie die Methodenfrage überhaupt – bleiben unberücksichtigt.
Aus der Gruppe der Praktiker sind bisher wenige, meist in didaktische Gesamtkonzepte eingearbeitete Vorschläge veröffentlicht worden. Ihnen allen ist ein subjektives Vorgehen eigen, das sich zur Erörterung von Methodenfragen in der gymnasialen Oberstufe nur schlecht eignet.
In den hier vorliegenden Stundenblättern sollen erstmals Methoden der Bildanalyse thematisiert werden. Dieser Vorschlag geht von der Auffassung aus, daß die ‚Bildanalyse' methodische Grundlage eines fachspezifischen Unterrichts im ‚Sehen-Lernen' ist und unter wissenschaftspropädeutischen Gesichtspunkten in der Sekundarstufe II zu erarbeiten ist. Ziel ist es, demjenigen, der sich für dieses Fach entschieden hat, Grundlagen eines methodisch reflektierten Umgangs mit Bildwerken zu vermitteln.
Die Stundenblätter und das Schülerarbeitsheft sind für einen Grundkurs konzipiert. Vorschläge für eine Erweiterung der Thematik im Leistungskurs sind jeweils eingefügt. Mittels praktischer und theoretischer Vorgehensweisen werden dem Schüler die Bedingungen und Grenzen der Interpretation von Bildwerken schrittweise an ausgewählten Beispielen nahegebracht. Um einen möglichst großen Erfolg zu sichern, wird im Unterricht an die Erfahrungen der Schüler angeknüpft, die sie bisher innerhalb und außerhalb der Schule gewonnen haben: Sie werden aktualisiert, um dabei denjenigen methodischen Fragen nachzugehen und diejenigen Antworten zu finden, welche exemplarischen Wert für den Umgang mit Bildwerken überhaupt haben. Es handelt sich also zunächst immer um eine konkrete Arbeit am Bild, die teils praktisch und teils in Bearbeitung von Quellentexten durchgeführt wird. Die Ergebnisse dieses Vorgehens sind jedoch nicht Ziel des Unterrichts. Vielmehr geht es um die sich darauf aufbauende Reflexion über die Möglichkeiten und Grenzen, auf den eingeschlagenen Wegen zu Erkenntnissen zu kommen. Aus allen bisherigen Ausführungen geht hervor, daß es in dieser Unterrichtseinheit um mehr geht als Handlungsanweisungen für eine wie auch immer geartete Werkbetrachtung zu geben. In sie wird der Schüler in der Primarstufe, Orientierungsstufe und Sekundarstufe I eingeführt und zu ihrer Anwendung angehalten. In dieser methodisch vermischten Form kann sie aber nicht mehr Gegenstand eines wissenschaftspropädeutisch orientierten Unterrichts in der Sekundarstufe II sein. Die bisherigen Vorschläge, diese Thematik wissenschaftsorientiert anzugehen, bedienten sich entweder weiterhin einer für die Bedürfnisse des Fachunterrichts zurechtgemachten Mischform oder griffen auf *eine* der hier angeführten wissenschaftlichen Methodenansätze zurück. Auf diese Weise werden jedoch nur immer wieder Verfahrensweisen unkritisch wie Fertigkeiten vermittelt. Sie führen zwar zu Ergebnissen, die besonders im Bereich der Teilanalysen für den weiterführenden praktischen Unterricht brauchbar sind, verhindern jedoch eine Reflexion über die Leistungsfähigkeit und Einsicht in die Grenzen vorwissenschaftlichen und wissenschaftlichen Arbeitens. In der ersten von E. Dornhaus (Hannover 1981) veröffentlichten, sehr zufällig zusammengestellten Quellensammlung wird gerade dieses Moment der Erkenntnis nicht angesprochen. Auf diese Weise können breiter angelegte Interessen des Betrachters nicht berücksichtigt werden. Erst durch die hier vertretene didaktische Position, in der

Fachunterricht alternative Möglichkeiten von Methoden anbietet, um zur Fähigkeit der freien Entscheidung zu erziehen, kann dem Schüler die Fähigkeit vermittelt werden, sich vor Bildwerken und gegenüber Äußerungen über sie reflektiert *und* methodenbewußt zu verhalten.

2. Didaktische Vorentscheidungen

Ohne Zweifel kann man bei der Behandlung dieser Thematik auch andere Wege gehen. Warum dieser gewählt wurde, soll hier kurz erläutert werden.

Es ist z.B. möglich, sich auf das Üben von Fertigkeiten im Erschließen anschaulicher Werke auch in der gymnasialen Oberstufe zu beschränken. Dagegen spricht, daß nur sehr individuelle Formen des Vorgehens erlernt werden. Dadurch bleibt der notwendige Kontakt mit den Wissenschaften unterbrochen. Wenn aber Kunstunterricht der Oberstufe nicht nur schöpferische Fähigkeiten bilden, sondern Zugänge zur visuellen Welt auf allen Ebenen menschlichen Denkens und Handelns eröffnen soll, darf auf eine wissenschaftsorientierte Vermittlung nicht verzichtet werden.

Diese Feststellung zieht die Frage nach sich, warum es nicht möglich sein soll, dem Schüler die Methoden derjenigen Bezugswissenschaft nahezubringen, auf die sich diese Unterrichtseinheit bezieht: die Kunstwissenschaft. Ein solcher Ansatz mag von der Sache her richtig sein, jedoch ist er im Rahmen des Schulunterrichts nicht zu verwirklichen. Eine Allgemeinverfügbarkeit von Quellenmaterial zu den einzelnen methodischen Konzepten ist schon aus Kostengründen nicht zu erreichen. Aber auch vom Anspruchsniveau kunstwissenschaftlicher Arbeitsweisen her ist es dem Schüler nicht möglich, das Prototypische der einzelnen Vorgehensweisen nachzuvollziehen. Es müßten Kenntnisse und Fähigkeiten zugrunde gelegt werden, die der Studierende der Kunstwissenschaft erst im Verlauf seines Studiums erwirbt. Es muß daher bezweifelt werden, daß es einem Oberstufenschüler gelingt, die Schritte z.B. der Strukturanalyse, der ikonologischen oder strukturalistischen Arbeitsweise nachzuvollziehen. Sie alle setzen eine umfassende Kenntnis der Kunstgeschichte und die Fähigkeit, Textquellen über Bilder lesen und bewerten zu können, voraus. Eine didaktische Vereinfachung dieser Methoden bis auf ein für den Schüler vertretbares Maß verkürzt und amputiert sie soweit, daß dabei die Frage nach der Leistungsfähigkeit nicht mehr positiv beantwortet werden kann.

Es bliebe auch die Möglichkeit, mit Schülern die Systematik dieser Fachbezugswissenschaft – also materiale, formale, ikonographische, motivische, stilistische, funktionale und soziologische Forschungsansätze – unter dem Aspekt der Methodenproblematik zu erörtern. Dies wäre in der Tat ein Weg, wenn man das Ziel des Unterrichts in einem kunstwissenschaftlichen Propädeutikum suchen würde. Hier geht es aber um eine Einführung in die Möglichkeiten der vorwissenschaftlichen Begegnung mit Bildwerken und in die wissenschaftlichen Wege ihrer Interpretation. Um beides in einer für den Schüler begreifbaren allgemeinen Form vermitteln zu können, bleibt nur, in die allgemeinen Denkmethoden auf philosophischer Ebene einzuführen (vgl. I.M. Bochénsky: Die Zeitgenössischen Denkmethoden. München 1954; H. Seiffert: Einführung in die Wissenschaftstheorie. Bd. 2. München 1971) und diese auf fachliche Interessen zu beziehen (vgl. H. Lützeler: Kunsterfahrung und Kunstwissenschaft. Freiburg / München 1975).

3. Erklärungen zur Reduktion des Stoffes und zur Strukturierung der Unterrichtseinheit

Auch bei der Absicht, die Schüler mit den geisteswissenschaftlichen Methoden der Phänomenologie, der historischen Methode, der Hermeneutik und der kritischen Theorie bekannt zu machen, müssen Abstriche gemacht werden. Daher wird hier nicht von der Einführung in die genannten Methoden gesprochen, sondern nur von Fragestellungen, an Hand derer die Methodenproblematik erörtert werden kann.

Der ausschließliche Bezug auf Werke der bildenden Kunst ist der Sache nach nicht zwingend. Jeder Gegenstand – auch Produkte der Trivialkunst – ließe sich auf ähnliche Weise verwenden. Doch wird jedem einleuchten, daß der notwendige Rückgriff auf eine veröffentlichte wissenschaftliche Diskussion unter gleichzeitiger Berücksichtigung einer für Schüler noch nachvollziehbaren Argumentationsweise im Bereich der bildenden Kunst am ehesten zu finden war. Die hier ausgewählten und verkürzt wiedergegebenen fachwissenschaftlichen Diskussionen wurden jedoch nicht um ihrer selbst willen aufgeführt. Sie haben ihren Sinn nur im Zusammenhang mit der Klärung von Sachproblemen, die dem Kunsthistoriker zwar geläufig, dem Schüler aber meist fremd sind. Dies ist die Hauptschwierigkeit bei dem hier eingeschlagenen Weg der Vermittlung methodischer Ansätze an Hand von Quellenbeispielen. Sie sind hier nur ein Mittel für das Kennenlernen von Methoden und dienen nicht dazu, den Schüler in wissenschaftlich geführte Diskussionen inhaltlich einzuführen. Andererseits muß der Schüler von den zur Diskussion stehenden Punkten etwas wissen, da er sonst die Eigenart des methodischen Vorgehens nicht erkennen kann. Dieser Schwierigkeit wird unterrichtspraktisch durch die Beschränkung auf bestimmte Epochen entgegengewirkt. Damit der Schüler sich nur in einige Gebiete einarbeiten muß, liegen die Schwerpunkte, an denen die Methoden diskutiert werden sollen, bei

- der niederländischen Barockkunst (5., 6., 8., 9. und 10. Doppelstunde),
- der romantischen Malerei C. D. Friedrichs (1., 2., 3. und 14. Doppelstunde),
- der Moderne (3., 4., 5., 11., 12., 13., 14. und 15. Doppelstunde).

Der Lehrer muß allerdings darauf achten, daß die inhaltliche Auseinandersetzung mit den Bildwerken und Texten schrittweise in die Reflexion über methodische Probleme übergeht.

Die Vielfalt der Erscheinungsformen von Kunst wurde mit Beispielen aus der Grafik (3., 4., 8., 9., 10., 11. und 12. Doppelstunde), aus der Malerei (1., 2., 3., 4., 5., 6., 9., 11., 12., 13. und 14. Doppelstunde) und der Architektur (7. Doppelstunde), schwerpunktmäßig in den flächigen Darstellungsweisen berücksichtigt. Für das Erfassen dreidimensionaler Werke wären zusätzliche Erfahrungen erforderlich, die nur in besonderen Kursen vermittelt werden können.

Auf eine ausführliche Behandlung wahrnehmungspsychologischer und semiotischer Fragestellungen ist bewußt verzichtet worden. Sie ergeben jeweils eine eigene Kursthematik. Allerdings sind semiotische Fragestellungen im Anschluß an die ‚Kritische Theorie' ansatzweise angesprochen worden. Nicht berücksichtigt wurde außerdem der „strukturalistische Ansatz", wie ihn R. Barthes oder C. Lévi-Strauss verfolgt haben. In ihm wird nicht nach Erscheinungsweisen des Gegenstandes, sondern nach den in ihm verborgenen Aufbaugesetzen sowie den Bedingungen und Motiven ihres Zustandekommens geforscht. Er gehört deswegen – wie die semiotischen Fragestellungen – zu den indirekten Methoden. Sie sind für einen Schüler schwierig zu handhaben und zeitaufwendig in der Durchführung. Sie in einem Grundkurs zu behandeln, würde den zeitlichen Rahmen sprengen. Außerdem kommt es in diesem Kursangebot nicht auf die Vollständigkeit, sondern auf die Vermittlung grundlegender Einsichten an.

Der vorliegende Vorschlag versucht zwei Ansätze der Werkbetrachtung im Kunstunterricht – den praktisch analytischen und den reflektierend interpretierenden – für die Herausbildung der Methodenproblematik zu verbinden. Dies hat den Vorteil, daß der Schüler nicht ausschließlich theoretisch an Quellentexten und Bildbeispielen arbeiten muß, sondern sich auch in praktischer Eigentätigkeit mit Bildbeispielen auseinandersetzen kann. Hinzu kommt der Wechsel zwischen mündlicher und schriftlicher Arbeit, zwischen Plenums-, Einzel- und Gruppenarbeit. Die Unterrichtsfolgen 2, 3, 4, 5, 8, 9, 10, 11 und 15 eignen sich hervorragend für thematisch getrennte Gruppenarbeit. Die Unterrichtsfolgen 1, 6 und 7 sollten immer in Einzelarbeit und anschließender Plenumsdiskussion bearbeitet werden.

Die inhaltlichen Schwerpunkte der Unterrichtseinheit zielen auf drei Aspekte ab, die jeder Beschäftigung mit Bildwerken immanent sind: die Beziehung zwischen Betrachter und Werk, die Möglichkeiten eines dem Werk angemessenen Verstehens und das Problem der Vermittlung. Nach diesen sich gegenseitig bedingenden Schwerpunkten ist das Material geordnet:

Erstens wird nach dem Verhältnis zwischen den vor Augen stehenden Objekten und den sie betrachtenden Subjekten gefragt. An Hand von Texten werden die Möglichkeiten objektiver und subjektiver Zugänge zu Bildwerken erörtert. Hierbei wird deutlich, daß es weder ein vollständiges und werkgetreues Auffassen durch den Betrachter geben kann noch daß ein ‚Sich-Einfühlen' des Betrachters in das Werk allein ausreicht, allgemeinverbindliche und verständliche Aussagen über Bildwerke zu machen. Entsprechend wissenschaftlicher Methodologie werden unterschiedliche Verhaltensweisen des Betrachters vor sichtbaren Werken erörtert. Sie sind als ‚Empfinden, Erklären, Verstehen und Aneignen' allgemein bekannt. An der berühmt gewordenen Kontroverse zwischen Hans Sedlmayr und Kurt Badt über das Bild von Jan Vermeer „Der Maler und sein Modell" wird ausschnittweise dargelegt, daß die am Werk erkennbaren Tatbestände, die herangezogenen Quellen sowie die persönlichen Umstände der Betrachtenden der Interpretation eine Richtung geben, die eine ‚zeitlos gültige Interpretation' ausschließt. Der Schüler erkennt, daß die unmittelbare Zuwendung des Betrachters zum Werk, die im Vergangenen liegenden Umstände der Entstehung und der zeitliche Abstand zwischen Entstehung und Betrachtung des Werkes jeweils unterschiedliche Methoden der Untersuchung bedingen. Er erkennt, daß die Beschäftigung mit einem Bildwerk von einem im voraus gefaßten Ziel abhängig ist.

Zweitens wird nachdrücklich darauf verwiesen, daß jede Werkinterpretation mit der Beschäftigung des vor Augen stehenden Sichtbaren beginnt, der sogenannten Autopsie des Kunstwissenschaftlers. Auch hier lassen sich unterschiedliche Intentionen einer ‚werkimmanenten Analyse' herausarbeiten. Während die einen bei der Analyse die Inhalte und Motive des Werks betonen, fordern andere, den formalen Aufbau zur Grundlage des Analysierens zu machen. In jedem Fall hängt jedoch das interpretatorische Eindringen in das Werk vom Erkennen der *Beziehungen* zwischen den Teilen, den Teilen und dem Werkganzen sowie dem Werk und Betrachter ab.

Das Auffinden von Beziehungen wird durch die praktische Auseinandersetzung mit Inhaltsfragen und der Linear-, Hell/Dunkel-, Farb- und Raumkomposition geübt. Auf das Erkennen formaler und inhaltlicher Entsprechungen wird besonderer Wert gelegt. Bei diesem Arbeitsschritt wird der Feststellung

Konrad Fiedlers gefolgt, daß die Kunst auf keinem anderen Wege zu finden ist als auf ihrem eigenen (Über die Beurteilung von Werken der bildenden Kunst III, 1). Hierzu ist eine Anschauungsweise notwendig, der „die Erscheinung als solche von Wert zu sein" hat und dadurch „sehr bald zu einer Fülle gelangt, die kein begrifflicher Ausdruck mehr bezeichnen und umfassen kann" (III, 2). Es wird also die bildnerisch-praktische Arbeit zur Grundlage der Erkenntnis gemacht.

Durch diese Tätigkeit soll der Schüler aber auch die Grenzen erfahren, die diese Auffassung mit sich bringt. Er soll erkennen, daß jeder schon im Alltagsleben die Anschauung – halb unbewußt – dazu verwendet, im Begrifflichen zu abstrahieren. Er soll ebenso erfahren, daß das Interesse an der wissenschaftlichen Erklärung anschaulicher Phänomene den Übergang zum Begriff notwendig macht.

Drittens werden die unterschiedlichen Wege wissenschaftlich-begrifflicher Bearbeitung anschaulich organisierter Werke behandelt. Dabei soll zu der Einsicht geführt werden, daß es nicht darum gehen kann, anschauliche Werke im Begrifflichen vollständig erfassen zu lernen. Vielmehr entstehen durch die begriffliche Bearbeitung bildhafter Gegebenheiten Freiräume für Unbestimmbares, die allerdings durch eine sorgfältige Auswahl von Verfahrensweisen des Erfassens nach der einen oder anderen Richtung eng gehalten werden können. Die Schüler sollen also erkennen, daß ein vollständiges Erfassen anschaulicher Gegebenheiten durch Sprache nicht möglich ist; sie sollten allerdings mit Möglichkeiten des Erfassens von im voraus festgelegten Teilaspekten bekannt gemacht werden.

So zielen z. B. phänomenologische Fragestellungen auf ein möglichst adäquates Erfassen der Erscheinung eines Gegenstandes ab ohne die Umstände, aus denen er entstanden ist, zu berücksichtigen. Die historischen Fragestellungen dienen der Aufklärung der Umstände, aus denen heraus ein Werk entstanden ist und gewirkt hat, was ohne Zuhilfenahme von anderen Quellen als dem Gegenstand selbst nicht möglich ist. Auch wird es dann schließlich zum Problem, ob ein Gegenstand nur historisch erklärt oder auch in der Gegenwart verstanden werden soll oder gar für ein zukünftiges Handeln nützlich sein kann!

Der Schüler soll lernen, daß jede Methode in sich auch schon eine Begrenzung ihrer Leistungsfähigkeit und der Anwendungsmöglichkeit enthält. Die Beispiele aus der gegenwärtigen Kulturszene (Katalogtexte, Berichte, Kritiken), die sich in einem letzten Abschnitt anschließen, sollen dies dem Schüler einsichtig machen und ihn zu einer Beurteilung derartiger Beiträge befähigen.

Die skeptische Frage des sich einfühlenden Laien, ob denn Bildwerke wirklich erklärt werden müssen, wird zum Anlaß genommen, ihn in die allgemeine Problematik des Bilderfassens einzuführen.

4. Aufbau des Kurses

Einführung und Problemstellung

1. Stunde: Objektbezogene Werkbetrachtung
   An Hand eines Textes von H. Wölfflin wird in das Erklären von Bildwerken eingeführt.
2. Stunde: Subjektive und objektivierende Verhaltensweisen
   Die Verhaltensweisen ‚Erleben – Verstehen – Erklären – Aneignen' werden vor dem Bild „Mönch am Meer" von C. D. Friedrich unter Zuhilfenahme von Texten der Autoren Kleist / Brentano, H. v. Kügelgen, Ch. A. Semler, W. Schmied und R. Wedewer erörtert und systematisiert.

Voraussetzungen zum Interpretieren von Bildwerken

3. Stunde: Werkanlaß, Inhalts- und Formfragen werden bei der werkimmanenten Analyse des Teilgebietes Farb- und Formbeziehungen zueinander in Beziehung gesetzt.

4. Stunde: Es wird in die werkimmanente Analyse in den Teilbereichen der Formbeziehungen von Linie, Fläche und Hell/Dunkel eingeführt.

5. Stunde: Körper –, Raum – und Entfernungsdarstellung sowie Fragen der Komposition und Dekomposition werden als integrative Teile der werkimmanenten Analyse bearbeitet.
In diesen drei Stunden liegt der Schwerpunkt der Bearbeitung auf praktisch-bildhaften Übungen mit Hilfe ausgewählter Bildbeispiele von Menzel, Nay, Vasarely, Kersting, van Gogh, Munch, Mondrian, Arp, de la Tour, Picasso, Perugino, Hobbema, Tizian, Gauguin, Warhol u. a. sowie Texten von K. Badt, W. Baumeister, F. Schmalenbach und H. Sedlmayr.

6. Stunde: Das Problem der „richtigen Interpretation", dargelegt am Vergleich der Deutungsversuche des Bildes „Der Maler und sein Modell" von Vermeer van Delft durch H. Sedlmayr und K. Badt.

Einführung in unterschiedliche Methodensätze

7. Stunde: Phänomenologische Fragestellungen
am Beispiel der Begegnung J.W. von Goethes mit dem Straßburger Münster aus „Dichtung und Wahrheit", 9. Buch.

8.–10. Stunde: Historischen Fragestellungen zur Entstehungsgeschichte (9. Stunde), Herstellungsgeschichte (8. Stunde) und Wirkungsgeschichte (10. Stunde) des sog. Hundertguldenblattes von Rembrandt wird unter Zuhilfenahme von Textquellen der Autoren Sandrart, Baldinucci, Houbraken, Friedländer, Hubala, v. Seydlitz, Goethe, Faure, Schmidt-Degener, Slive u. a. ausführlich nachgegangen.

11. Stunde: Das Verstehen eines Werkes aus seinen historischen Bedingungen – das hermeneutische Verfahren
An ausgewählten Gesichtspunkten bzgl. des Bildes „Guernica" von P. Picasso und Texten von oder nach H. Seiffert, D. E. Zimmer, P. Fingesten, R. Arnheim, R. Penrose, S. V. Marrero, J. Larrea u. a. wird die hermeneutische Vorgehensweise erörtert und deren Leistungsfähigkeit untersucht.

12. Stunde: Das Verstehen eines Werkes aus seinen gesellschaftlichen Bedingungen – Fragestellungen der ‚Kritischen Theorie'
An einem Text von M. Korn und den Bildern „Rote Akte" und „Straßenszene Berlin, Friedrichstraße" von E. L. Kirchner werden Grundprinzipien der Kritischen Theorie erarbeitet und deren Leistungsfähigkeit im Hinblick auf die Interpretation von Bildwerken untersucht.

13. Stunde: Grenzen der historischen Fragestellungen
Historische Vorgehensweisen werden an Hand weiterer Werke E. L. Kirchners und zusätzlicher Texte von K. C. Eberlein und E. Rathke im Hinblick auf die Interessen und Wertvorstellungen der Interpreten untersucht und die Ambivalenz der Ideologiefrage diskutiert.

Exkurs: Indirekte Methoden der Werkinterpretation
Kurze Erläuterung der indirekten Vorgehensweisen und Gliederung der Verfahrensschritte semiotisch-kommunikativer Fragestellungen; Skizzierung eines Unterrichts an Hand einer Madonnendarstellung von Giotto, einem Portrait von Hogarth und einem Wahlplakat für die SPD von 1969.

Anwendungsgebiete der Bildanalyse

14. Stunde: Nichtwissenschaftliche Anwendungsgebiete der Bildanalyse
Zu Picassos „Guernica", Rembrandts Kunst und C. D. Friedrich werden Äußerungen, Briefe und Berichte von P. Eluard, H. v. Kleist/Brentano, P. Gauguin und J. C. Dahl gelesen und kritisch verglichen.

15. Stunde: Außerwissenschaftliche und wissenschaftliche Äußerungen über Werke der bildenden Kunst
An Hand eines Katalogtextes zu C. D. Friedrichs Bild „Mönch am Meer" und an Hand von Kunstkritiken in exemplarischer Auswahl werden Ziele der Wissenschaft und die Schwierigkeiten einer aktuellen Kunstkritik erörtert. Texte von H. Read und K. Fiedler bilden die weitere Grundlage für ein Gespräch über die Geschichtlichkeit allen Urteilens und über die Grundsätze der künstlerischen Arbeit.
Dadurch sollen die Schüler dazu aufgefordert werden, sich ihrer Ansichten über kulturelle Äußerungen stets neu zu versichern.

Das hier vorliegende Aufbauprinzip von den persönlichen Empfindungen zu den Vollzügen in unserer Kultur ist nun keineswegs so unveränderbar, wie es auf den ersten Blick scheinen mag.

Man kann z. B. auch mit den letzten Doppelstunden (14./15.) beginnen, dann zum Mittelteil (8. bis 13. Doppelstunde) übergehen, um den Schülern dadurch bestimmte Methoden näherzubringen, und schließlich mit der 1. und 2. Doppelstunde enden. Es ist aber durchaus auch sinnvoll, mit der 6. Doppelstunde erst einmal das Methodenproblem vor Augen zu führen und dann mit der 1. Doppelstunde und den folgenden Stunden fortzufahren. Schließlich ist es möglich, mit der 7. bis 13. Doppelstunde zu beginnen, um dann alle anderen Probleme mit diesem Wissen um Methoden zu erörtern. Hier werden die Vorbildung des Schülers, das Temperament des Lehrers und die schulischen Randbedingungen den Ausschlag geben müssen.

Die hier vorgeschlagene Reihenfolge wurde zweimal überprüft*, und es wurden dabei hervorragende Lernergebnisse erzielt. Bei einem Durchgang ergab es sich auch, daß die Schüler lieber in möglichst selbständiger Arbeit das „Hundertguldenblatt" von Rembrandt und „Guernica" von Picasso zur Überprüfung ihrer eigenen Fähigkeiten bearbeiten wollten und dafür auf die Unterscheidung zwischen dem hermeneutischen und dem kritischen Vorgehen verzichteten. Diese und andere Kürzungen des Stoffes sind durchaus möglich, sofern sie nicht die für das Ziel des Kurses unumgänglich notwendigen drei Schwerpunkte (s. o.) einengen.

Für den Wechsel der Arbeitsformen ist Sorge getragen. Hält man sich an das hier vorgeschlagene Konzept, ergeben sich in einem Grobraster für die einzelnen Stunden etwa jene Schwerpunkte der Arbeitsformen, die aus der Tabelle rechts zu ersehen sind.

Auch hier lassen sich die Schwerpunkte insbesondere zur praktischen Arbeit hin verschieben, wenn genügend Zeit vorhanden ist oder der Lehrer bereit ist, auf Teilgebiete von vorneherein zu verzichten. Die 1., 2., 6., 8., 9., 10. und 15. Doppelstunde sollten jedoch – in welcher Reihenfolge und Form auch immer – Bestandteile des Kurses bleiben.

* Diese Unterrichtseinheit wurde erprobt in einem Grundkurs / Sekundarstufe II am Gymnasium (B. Giesecke) und in einer Gesamtschule (R. Lehmann)

	Text-analyse	Werk-analyse	schriftliche Arbeit	mündliche Arbeit	praktische Arbeit
1. Doppelstunde	×		×		
2. Doppelstunde	×		×		
3. Doppelstunde				×	×
● 4. Doppelstunde				×	×
5. Doppelstunde				×	×
● 6. Doppelstunde	×	×	×		
7. Doppelstunde	×	×			×
8. Doppelstunde		×		×	×
9. Doppelstunde		×			
10. Doppelstunde	×			×	
● 11. Doppelstunde		×			
12. Doppelstunde	×		×	×	
13. Doppelstunde	×			×	
14. Doppelstunde	×			×	
● 15. Doppelstunde	×		×	×	
● Testmöglichkeit					

5. Bemerkungen zur Materialauswahl

Die Bildauswahl folgte zwei Grundsätzen: Es wurde versucht, Bildmaterial zu wählen, welches dem Schüler den unmittelbaren Zugang zum Unterrichtsthema durch das vor Augen stehende Werk verschafft. Deswegen wurden z. B. für Fragen der Form- und Farbbeziehungen auch gegenstandslose Werke herangezogen. Für die Erörterung der historischen Methode wurden Werke ausgesucht, an denen es für den Schüler Verstehensfragen zu entwickeln gibt. Für den phänomenologischen Ansatz wurde ein Beispiel aus der Architektur gewählt. Da wir mit dem Phänomen Architektur fast ausschließlich unmittelbar konfrontiert werden, eignet sich ein Beispiel aus der Architektur in besonderer Weise zur Verdeutlichung des phänomenologischen Ansatzes.

Die Auswahl des Bildmaterials orientiert sich an den Beständen der Klett-Galerie. Dort, wo andere Bildvorlagen gewählt werden mußten, sind im Text Verweise angebracht. Das Textmaterial ist im Lehrerheft wie im Schülerarbeitsheft weit gestreuten wissenschaftlichen und didaktischen Veröffentlichungen entnommen. Es ist in der Regel gekürzt. Dies geschah aus zwei Gründen:
Zum einen wurde streng darauf geachtet, daß die Länge des Textes nicht die Bearbeitungszeit ungebührlich belastet. Es wurde hier eine für das Unterrichtsthema gerade noch vertretbare Kürze angestrebt. Problematisch ist dies m. E. nur für den Vergleich Sedlmayr/Badt in der 6. Doppelstunde. Bei dem dort angestrebten Ziel ist es an sich nicht notwendig, die Vorgehensweisen von H. Sedlmayr und K. Badt in allen Untergliederungspunkten darzustellen. Dennoch ergeben sich natürlich durch die Kürzung eines beziehungsreich gegliederten Aufsatzes

(Sedlmayr) und eines ganzen Buches (Badt) auf wenige Textstellen nichts anderes als nur Bruchstücke, die den Schüler über die tatsächlichen Motive und Inhalte des Wissenschaftsstreites im unklaren lassen. Hier wurde dem Prinzip gefolgt, daß das Lehrziel für die Durchführung der Stunden entscheidend ist. Es bleibt allerdings unbenommen, an Hand der zitierten Texte weiter auszugreifen. Das würde allerdings an anderer Stelle Abstriche vom Konzept erfordern, da nur eine begrenzte Zeit zur Verfügung steht. Zudem würde sich der Unterricht dann zusehends zu einer Diskussion über kunstwissenschaftliche Arbeitsmethoden hinentwickeln, welche hier gerade nicht thematisiert werden sollten.
Zum anderen wurde auch mit dem Leitgedanken gekürzt, daß ablenkende Nebenbemerkungen und das leider nicht immer für jedermann verständliche ‚Kunsthistorikerdeutsch' keine allzugroßen Verständigungsschwierigkeiten hervorrufen sollen. Trotzdem wurde auf die Verwendung originärer Quellentexte Wert gelegt, um möglichst die Nähe zum historischen Ort und zu den Personen zu erhalten.
Die Reproduktion der Werke ist mit Sorgfalt vorgenommen – doch bleibt eine Reproduktion immer ein Notbehelf. Nur in einem Fall läßt sich dieses Manko umgehen, indem man für die Schule einige Exemplare des Hundertguldenblatts von Rembrandt aus der Bundesdruckerei anschafft, welche auch einer Betrachtung mit der Lupe standhalten und damit eine größtmögliche Werktreue erreichen. In allen anderen Fällen muß auf Schulfahrten und private Initiativen verwiesen werden.
So zufällig demnach die Bildauswahl auch erscheinen mag, und so problematisch die z. T. erheblichen Textkürzungen auch immer sein mögen, hier standen didaktische und unterrichtsmethodische Überlegungen im Vordergrund. Ziel war es, die Bearbeitungsmöglichkeit durch Schüler zu gewährleisten.

6. Lehrziele

Der folgende Lehrzielkatalog soll die Absichten der Unterrichtseinheit weiter verdeutlichen. Eine vollständige Aufzählung derjenigen Lehrziele, die bei der Beschäftigung mit Methoden der Bildanalyse erreichbar wären, ist weder beabsichtigt noch möglich. Es handelt sich um einige wichtige fachliche Lehrziele, die durch Feinlehrziele ergänzt werden. Diese sind dann den jeweiligen Doppelstunden vorangestellt. Auf die Ausformulierung operationalisierter Lernziele wurde verzichtet. Hinweise zur Überprüfung des Gelernten finden sich in den einzelnen Stundenbeschreibungen.

Die Schüler sollen erkennen,

daß persönliche Äußerungen über Bildwerke nicht ausreichen, um sie anderen erklären und um sie selbst verstehen zu können;

daß es unterschiedliche Verhaltensweisen vor Bildwerken gibt und nur einige davon dem Werk angemessen sind;

daß wesentliche Aspekte der Bildaussage sich auf inhaltliche, formale, farbige und raum-körperliche Beziehungen innerhalb des Werkganzen gründen;

daß sich Bildwerke auch bei Anwendung wissenschaftlicher Methoden unterschiedlich interpretieren lassen;

daß die Auslegung eines Werkbestandes immer auf bewußte oder unbewußte Zielvorstellungen des Auslegenden zurückgeführt werden kann;

daß unterschiedliche Zielvorstellungen bei der Interpretation eines Werkes verschiedene Vorgehensweisen (Methoden) bedingen;

daß die Wahl einer Methode die Ergebnisse einer Werkanalyse beeinflußt;

daß Text- und Bildquellen als Belege für das Erklären, Verstehen und Sich-Aneignen des vor Augen stehenden Werkes eine wichtige Rolle spielen;

daß Bild- und Textquellen von sehr unterschiedlicher Qualität im Hinblick auf ihre dokumentierende Funktion sein können;

daß das hermeneutische Verfahren und die kritische Methode jeweils unterschiedliche Wege sind, Vergangenes in der Gegenwart nutzbar zu machen;

daß die Beurteilung von Katalogtexten, Kritiken und Berichten auf ihren Aussagewert hin durch das Auffinden der ihnen immanenten Methode erheblich erleichtert und zum Teil sogar erst ermöglicht wird;

daß die Interpretation eines Bildwerkes ein sich dynamisch entwickelnder Prozeß der Interaktion zwischen Werk und Mensch ist, der einen Freiraum eigener Entscheidungen birgt.

Die Schüler erarbeiten

an Hand von Texten und am Beispiel ihres eigenen Verhaltens vor Bildwerken das Entstehen von Geschmacks-, Wert- und Vorurteilen;

in eigener praktischer Auseinandersetzung inhaltliche, formale, farbenabhängige und raum-körperliche Beziehungen in Bildwerken als Grundlage ihrer Interpretation;

an Hand eines Textvergleichs zweier Interpretationen eines Bildwerks Gründe für dessen unterschiedliche Interpretationen;

an Hand eines Beispiels aus der Architektur und eines Textes darüber, wie aus einer Werkerscheinung die Wesensmerkmale des Werkes unmittelbar herausgelöst werden können;

an Hand verschiedener Bild- und Textquellen Aussagen über die Entstehung, Herstellung und Wirkung eines Werkes;

an Hand eigener Versuche und mit Hilfe von Texten, inwieweit es gelingt, sich vergangene Bedingungen der Entstehung zu vergegenwärtigen;

die Unterschiede zwischen dem hermeneutischen Verfahren und der kritischen Methode in bezug auf die Interpretation von entstehungs-, herstellungs- und wirkungsgeschichtlichen Tatsachen eines Bildwerkes;

an Hand von Texten (Katalog/Kunstkritik/persönlicher Bericht), welche methodischen Vorstellungen die Verfasser der Texte geleitet haben.

Die Schüler sollen beurteilen

die Anteile subjekt- und objektbezogener Verhaltensweisen beim Erleben, Erklären, Verstehen und Sich-Aneignen von Bildwerken;

die Möglichkeiten und Grenzen, Bildwerke durch eigene praktische Tätigkeit sich und anderen zu erklären oder verstehbar zu machen;

in welchem Verhältnis wissenschaftliche Objektivierung und subjektives Erleben an Bildanalysen jeweils beteiligt ist;

die Möglichkeiten und Grenzen der Bildanalyse aufgrund phänomenologischer Fragestellungen;

wie stichhaltig Quellenmaterial für die Erklärung der Herstellung, Entstehung und Wirkung eines Bildwerkes ist;

die Möglichkeiten und Grenzen der Bildanalyse auf Grund historischer Fragestellungen;

auf welche Weise die Subjekt-Objekt-Spannung durch das hermeneutische Verfahren und die kritische Methode aufgehoben wird;

welche Methoden in Texten, die die Ausstellung von Bildwerken betreffen, angewendet worden sind.

7. Literaturhinweise

Die im folgenden angegebene Literatur beschränkt sich auf Werke, die für die Unterrichtsvorbereitung und -durchführung im Hinblick auf Methodenfragen besonders geeignet erscheinen. Alle andere Literatur sowie die für die Durchführung der Stunden notwendigen Reproduktionen werden jeweils zu Beginn der einzelnen Unterrichtsfolgen genannt.

- I. M. Bochénsky: Die zeitgenössischen Denkmethoden. Bern 1954
- H. Seiffert: Einführung in die Wissenschaftstheorie. 2. Bd. München 1970
- H. Lützeler: Kunsterfahrung und Kunstwissenschaft. 3 Bde. Freiburg/München 1975
- K. R. Popper: Logik der Forschung (1939); deutsche 2. teilweise verb. Aufl. Tübingen 1966, Vorwort
- K. Fiedler: Über die Beurteilung von Werken der bildenden Kunst. Ratingen 1960
- H. Wölfflin: Das Erklären von Kunstwerken. 3. erw. Aufl. Leipzig 1940
- H. Sedlmayr: Kunst und Wahrheit – Zur Theorie und Methode der Kunstgeschichte. Hamburg/Reinbek 1958
- E. Panofsky: Kunstgeschichte als geisteswissenschaftliche Disziplin. In: E. Panofsky: Sinn und Deutung in der bildenden Kunst. Köln 1975, S. 7–35
- H. Gadamer: Wahrheit und Methode. Tübingen 2. Auflage 1965
- A. Schmidt: Zur Idee der Kritischen Theorie. München 1974
- R. Warning: Rezeptionsästhetik. München 1975
- K. Kowalski: Grundriß einer Didaktik des Unterrichtsfaches Kunst und Kommunikation. Stuttgart 1978, S. 188–221

Für den, der in die Probleme der Methodologie im allgemeinen tiefer einsteigen will, finden sich bei den beiden erstgenannten Werken ausführliche Literaturangaben. Wen die kunstwissenschaftliche Methodendiskussion mehr interessiert, findet bei Lützeler im 3. Band ausführliche Literaturhinweise.

II Beschreibung der Unterrichtsstunden

Einführung und Problemstellung

1. Doppelstunde: Objektbezogene Werkbetrachtung

Ziel

Die Schüler sollen erkennen, daß Bildwerke nicht allein aus sich selbst wirken, sondern mittels besonderer Verfahren schrittweise erschlossen werden müssen.

Teilziele

- Die Schüler sollen die Definitionen der Begriffe ‚Methode‘ und ‚Bildwerk‘ kennenlernen.
- Die Schüler sollen erfahren, daß personenbezogene Aussagen über Bildwerke von werkbezogenen zu unterscheiden sind.
- Die Schüler sollen Schritte der Bearbeitung eines Bildwerkes kennen und zueinander in Beziehung setzen können.

Materialien

Die Angaben der Seitenzahlen und Textnummern in Klammern beziehen sich auf das Schülerarbeitsheft.

Reproduktion von:

- Caspar David Friedrich (1774–1840): Mönch am Meer, Öl, 110 × 171,5 cm, 1810, Berlin, Nationalgalerie (s. Farbtafel)

Textauszüge aus:

- H. Wölfflin: Das Erklären von Kunstwerken. Leipzig 2. Aufl. 1940, S. 7, 8, 9, 27, 29–31, 37 (Text 3)
- Meyers Konversationslexikon. 11. Bd., Leipzig/Wien 1890 (Stichwort ‚Methode‘) (Text 2)

Bezugsliteratur

- Brockhaus Enzyklopädie (Stichwort ‚Methode‘)
- H. Wölfflin: Das Erklären von Kunstwerken. Leipzig 2. erw. Aufl. 1940
- E. Panofsky: Kunstgeschichte als Geisteswissenschaftliche Disziplin. In: E. Panofsky: Sinn und Deutung in der bildenden Kunst. Köln 1975, S. 7–35
- W. Hofmann (Hrsg.): Caspar David Friedrich – Katalog Hamburger Kunsthalle, Prestel Verlag München 1974 und Hamburger Kunsthalle, insbes. S. 162 f.

Verlaufsskizze

1. Unterrichsschritt

Zu Beginn der ersten Doppelstunde führt der Lehrer in das Kursvorhaben ein. Er gibt den Schülern Gelegenheit, sich über ihre Vorstellungen vom Inhalt des Kurses zu äußern. Dabei haben der Begriff des Bildwerkes und der Begriff der Methode eine zentrale Bedeutung. Um Mißverständnisse zu vermeiden, werden vorab beide Ausdrücke definiert. Für diesen Kurs soll für ‚Bildwerk‘ folgende Definition gelten:

Als Bildwerke sollen Werke von Menschenhand gelten, die mit dem Ziel hergestellt wurden, über das Auge erfaßt zu werden und vorstellungsbildend zu wirken. Demnach ist ein in der Natur gewachsener Baum kein Bildwerk. Auch von allen Gebrauchsgegenständen im engeren Sinne wird abgesehen. Hingegen gehören alle Werke der bildenden Kunst (Architektur / Plastik / Malerei / Graphik / Environment etc.), der Fotografie, des Films, des Fernsehens, der politischen und wirtschaftlichen Werbung dazu.
Für die Erörterung des Begriffs ‚Methode' gilt folgende Definition:
Der Begriff Methode leitet sich vom Altgriechischen ‚odos' = Weg und ‚met, meta' = zwischen, inmitten her. Er bedeutet eigentlich, einem Ziel mittels eines geregelten Verfahrens nachgehen, den Weg dorthin verfolgen. In diesem Kurs ist darunter ein planmäßiges Vorgehen bei der Bearbeitung eines Bildwerks zu verstehen, durch welches dessen Zusammenhang und Sinn erkannt werden soll. Deswegen kann man auch sagen, Methoden sind bewußt gewählte Wege des Nachdenkens über eine Sache, welche Erkenntnisse sichern oder zu ihnen führen. Der entsprechende Text im Schülerarbeitsheft wurde aus einem älteren Konversationslexikon gewählt, weil dort besser als in neueren die Sonderstellung der wissenschaftlichen Methoden gegenüber den lebenspraktischen zum Ausdruck kommt.
Der Lehrer sollte darauf hinweisen, daß im Prinzip jeder Gegenstand dieser Welt methodisch erfaßt werden kann, hier aber aus Gründen der Materialbeschaffung, des fachlichen Interesses und günstiger Reproduktionsmöglichkeiten schwerpunktmäßig Bildwerke der Malerei und Graphik behandelt werden.
Da die Begriffe ‚Methode' und ‚Bildwerke' für den weiteren Verlauf des Kurses wichtig sind, sollten ihre Definitionen stichwortartig festgehalten werden (siehe Tafelanschrieb, Stundenblatt).

2. Unterrichtsschritt

Nun soll die Grundfrage erörtert werden, ob Bildwerke, gleich welcher Art, aus sich heraus wirken – also von jedem zu jeder Zeit über die Augen erfaßt und verstanden werden können oder ob sich ein Bildwerk dem unmittelbaren Betrachten und Verstehen verschließt und daher interpretiert werden muß. Als Diskussionsgrundlage wird ein Bild – C. D. Friedrich: Mönch am Meer, 1810 – herangezogen. Die Schüler äußern sich in einem Gruppengespräch über ihre Ansichten. Ebenso ließe sich das Bild auch in Kleingruppenarbeit schriftlich bearbeiten. Eine dritte Möglichkeit wäre, über das Bild mündlich zu sprechen und das Gespräch von Protokollanten aufzeichnen zu lassen.
Nach ca. 5 bis 7 Minuten sollte diese Motivationsphase abgeschlossen sein. Falls protokolliert wurde, werden die Texte zum Vervielfältigen gebracht.

3. Unterrichtsschritt

Im 3. Unterrichtsschritt soll der Text von H. Wölfflin zu dieser Thematik bearbeitet werden.
Der Arbeitsauftrag lautet:
Welche Einstellung vertritt der Verfasser in der Frage, ob Bildwerke erklärt werden müssen? Notieren Sie eine Gliederung seiner Argumente.
Nach einer Lesezeit von ca. 7 bis 10 Minuten wird über den Text allgemein gesprochen. Es soll herausgearbeitet werden, daß es dem Verfasser um die Frage geht, ob Bildwerke jedem unmittelbar etwas sagen. Obwohl er die unmittelbare Begegnung nicht ablehnt, spricht er sich dennoch dafür aus, die einzelnen formalen Bildteile in Beziehung zueinander zu setzen.
Es wird darauf hingewiesen, daß die Bearbeitung von historischen, stilistischen und ästhetischen Problemen zwar notwendig ist, aber die Zuwendung zum eigentlichen Werk entscheidend bleibt.

Als Überblick ließe sich herausarbeiten,

- daß der Verfasser den unmittelbaren Zugang bejaht;
- daß der Verfasser aber bestimmte Anforderungen an das Erklären eines Bildes stellt;
- daß der Verfasser dementsprechend zwischen dem subjektiven Auffassen von Sichtbarem und einem objektivierendem Erfassen deutlich unterscheidet und für letzteres Partei nimmt.

Das Ziel dieses Unterrichtsschrittes sollte demnach folgende Erkenntnis sein:
Subjektive wie objektive Gesichtspunkte sind notwendige Bestandteile eines geordneten Erfassens von Bildwerken (siehe Stundenblatt, Tafelanschrieb). Ihre Gewichtung und Verflechtung zu einem Ganzen machen die hohe Kunst des Interpretierens aus.

4. Unterrichtsschritt

In diesem Unterrichtsschritt ist die eben gemachte Erfahrung zu festigen.
An Hand des Bildes von C. D. Friedrich „Der Mönch am Meer" sollen im Tafelschema subjektive und objektive Äußerungen unterschieden werden. (Falls Texte verfaßt wurden, diese zur Bearbeitung heranziehen!) Hier muß die übliche spontane Inbesitznahme des Werkes durch den Betrachter dem methodisch geordneten Vorgehen des Wissenschaftlers gegenübergestellt werden: Der naive Betrachter versucht unbewußt, das im Bildwerk Sichtbare in Übereinstimmung mit seinen Vorstellungen und Anmutungen zu bringen. Ziel des Wissenschaftlers dagegen ist es, das Einmalige und Unverwechselbare eines jeden Werkes durch Feststellen und Interpretieren der Tatsachen sinnfällig werden zu lassen. Um dies deutlich zu machen, wird nun nach exemplarischen objektiven und subjektiven Äußerungen über das Bild von C.D. Friedrich – ggf. an Hand der Schülertexte – gesucht und in die entsprechende Rubrik an der Tafel geschrieben.

Subjektbezogene Aussagen könnten z.B. lauten:
Der Mönch ist ganz einsam am Strand ... es zieht ein Unwetter auf ... es ist alles in trübseliger Stimmung gehalten...
Objektbezogene Aussagen könnten z. B. lauten:
Der Horizont im Bild liegt sehr tief ... die Gestalt des Mönchs ist im Verhältnis zur Bildfläche klein...
Meist wird jedoch seitens der Schüler nur auf den Inhalt des Bildes eingegangen, seltener sind Äußerungen zu formalen Aspekten, Farbbeziehungen und Proportionierungen. Diesen Mangel gilt es erkennbar werden zu lassen.

5. Unterrichtsschritt

Die folgenden Unterrichtsschritte können aus der Forderung Wölfflins hergeleitet werden, daß die Objektzuwendung eine unumgehbare Bedingung für das Erklären von Bildwerken ist. Daher ist nun der Text daraufhin zu untersuchen, wie sich der Autor die Objektzuwendung vorstellt und welche Reihenfolge der Analyseschritte er empfiehlt.
Wenn Zeit genug vorhanden ist, kann vorab eine Kurzinformation über die Persönlichkeit Heinrich Wölfflins eingefügt werden. Heinrich Wölfflin (1864–1945) war – als Nachfolger seines Lehrers Jakob Burckhardt – in Basel, später in Berlin, München und Zürich, einer der bedeutendsten Kunsthistoriker. Mit meisterhafter Darstellungsgabe widmete er sich vor allem der Formsprache der Renaissance und des Barock (1888). Durch diese und andere Veröffentlichungen (Kunstgeschichtliche Grundbegriffe 1915; Italien und das deutsche Formgefühl, 1931) führte er in die damals noch von den historischen Wissenschaften abhängige Disziplin eigene Methoden der Werkbetrachtung ein. Sie sind heute noch Kern jeder Beschäftigung mit der geschichtlichen Stellung des Kunstwerks in Gegenwart und Vergangenheit.

6. Unterrichtsschritt

Über diesen methodischen Kern eines werkgerechten Vorgehens sollen sich die Schüler bewußt werden. Der Arbeitsauftrag für diesen Unterrichtsschritt lautet demzufolge: Ziehen Sie aus dem Text diejenigen Schritte heraus, die nach Wölfflins Meinung zu einer sachgerechten und objektiven Einsicht in das Bildwerk führen.
Notieren Sie die Schritte, ohne zunächst auf die Reihenfolge zu achten. Sie wird später gemeinsam erarbeitet.
Die Arbeit am Text ist insofern einfach, weil Wölfflin die notwendigen Schritte immer klar nennt. Erschwert wird die Arbeit allerdings dadurch, daß er die Formprobleme in den Vordergrund seiner Darstellung rückt, während andere, heute als gleichwertig angesehene Gesichtspunkte, mehr nebenbei erwähnt werden. Man muß also schon genau lesen.
Im ersten Abschnitt wird von dem „sachlichen Inhalt" gesprochen und ihm Begriffe wie Vorstellungen, Zweck und Sinn eines Werkes zugeordnet und mit methodischen Vorgehensweisen verknüpft:

- Sehen muß gelernt werden.
- Das Gesehene muß so erklärt werden können, daß das Auge durch das Bild geführt wird.
- Die so erfaßte, vereinzelt dastehende Werkerscheinung muß in einen historischen Zusammenhang gestellt werden.
- Es müssen Begründungen für das Entstehen gerade dieser Kunstform gesucht werden, die nicht allein aus der historischen Situation erkennbar werden, sondern Herkunft und Tradition des Werkschaffens sind ebenso zu berücksichtigen.
- Es muß versucht werden, ein Werturteil über das Werk im Hinblick auf die Entstehungszeit und das Heute abzugeben.

Im zweiten Abschnitt wird speziell auf die Schritte der Formanalyse eines Bildwerks eingegangen.

- Die einzelnen Formen sind so zu erfassen, wie sie der Künstler verstanden wissen will.
- Das Formgefüge ist durch die Analyse des beziehungsreichen Zueinanders der einzelnen Formen einschließlich des gewählten Bildformats zu erkennen.
- Farbwahl und Farbbeziehungen, Entsprechungen und Widersprechungen sind auf das Ganze des Bildes hin zu beziehen.
- Licht, Lichtführung und -verteilung,
- die Raumempfindung, entstanden aus dem Zusammenwirken von Farbe, Licht und zeichnerischer Form,

  geben Einblick in den gestaltgebenden Kern, die Struktur, den inneren Aufbau des Bildwerks, Ziel jeder Formanalyse.

Im 3. bis 5. Abschnitt geht Wölfflin über die Formerklärung hinaus und wendet sich dem besonderen Gehalt des Werkes, der künstlerischen Persönlichkeit und den historischen Zusammenhängen zu, aus denen heraus das Werk erst verstanden werden kann. Das alles läßt sich nur in einem Ineinander und nicht in einem strengen Hintereinander vollziehen. Am Ende ergibt sich ein Qualitätsurteil, welches weniger auf irgendeinem Allgemeinen denn viel mehr auf der sorgfältigen Beschäftigung mit dem Besonderen des konkreten Bildwerks in einer bestimmten historischen Situation beruht.
Es ist nicht zu erwarten, daß die Schüler alle Einzelgesichtspunkte in der hier schon aufgezeigten Form vollständig erfassen werden. Es genügen fürs erste Stichworte (vgl. dazu auch Stundenblatt, Tafelanschrieb, 6. Unterrichtsschritt).

7. Unterrichtsschritt

Nach der inhaltlichen Aufarbeitung geht es nun um das systematische Ordnen der Bearbeitungsstufen. Dies ist schwierig, weil die gefundenen Begriffe unterschiedlichen Bearbeitungsebenen angehören.

Es werden übergeordnete Begriffe gesucht – Analyseschritte, methodisches Vorgehen, Ziele der Bearbeitung – und an die Tafel geschrieben; die Ergebnisse der Textanalyse werden diesen drei Begriffen systematisch untergeordnet (man kann sich dazu am Tafelanschrieb des 6. Unterrichtsschrittes orientieren).
Aus der Stellung der Stichworte in den drei Rubriken des neuen Tafelanschriebs läßt sich eine zeitliche Konkordanz der Tätigkeiten des Betrachtens ablesen.

Damit ist das Ziel der ersten Doppelstunde erreicht. Den Schülern sind Vorgehensweisen, Analyseschritte und Ziele einer objektivierenden Werkbetrachtung verdeutlicht.
Dieser letzte Arbeitsauftrag könnte auch als Hausaufgabe gegeben werden, oder der Lehrer selbst könnte zu Beginn der folgenden Stunde den hektographierten Überblick an die Schüler verteilen. Wichtig ist nur, daß das Ergebnis der ersten Doppelstunde den Schülern für die zweite Doppelstunde verfügbar ist.

2. Doppelstunde: Subjektive und objektorientierte Verhaltensweisen

Ziel

Die Schüler sollen erkennen, daß es unterschiedliche Verhaltensweisen vor Bildern gibt und nur einige davon sachangemessenes Erfassen ermöglichen.

Teilziele

- Die Schüler sollen an Hand von Äußerungen über ein Bild unterschiedliche Verhaltensweisen vor Bildern unterscheiden lernen.
- Die Schüler sollen die Urteilsfähigkeit der Betrachter auf Grund ihrer unterschiedlichen Verhaltensweisen vor Bildwerken bewerten lernen.
- Die Schüler sollen Verhaltensweisen vor und Beurteilungen von Bildwerken zueinander in Beziehung setzen können.
- Die Schüler sollen vier Verhaltensweisen vor Bildwerken – Erleben, Verstehen, Erklären, Aneignen – unterscheiden und ihre Erkenntnisqualität erklären können.

Materialien

Reproduktion von:

Caspar David Friedrich (1774–1840) „Mönch am Meer", Öl 110 × 171,5 cm, 1810, Nationalgalerie Berlin (s. Farbtafel)

Textauszüge aus:

- Kleist, Brentano, von Arnim vor C. D. Friedrich: Seelandschaft mit Kapuziner. In W. Waetzold: Deutsche Kunstwerke, beschrieben von Deutschen Dichtern. Wiesbaden 1948, S. 101 (Text 5)
- W. Schmied: Caspar David Friedrich – der Maler der Romantik, Stuttgart/Köln 1975, S. 60, 62 (Text 9)
- R. Wedewer: Landschaftsmalerei zwischen Traum und Wirklichkeit: Idylle und Konflikt. Köln 1978, S. 63, 64, 68 (Text 10)
- Brief eines Unbekannten (Privatbesitz) (Text 6)
- Ch. A. Semler im „Journal des Luxus und der Moden", 1809. Zit. nach: Schmied, op. cit. (Text 8)
- M. H. v. Kügelgen, 1809. Zit. nach: Schmied, op. cit. (Text 7)
- H. Lützeler: Die Kunstkritik. In: Kunsterfahrung und Kunstwissenschaft. 3 Bde. Freiburg/München 1975. 1. Bd. S. 100 (als Textgrundlage) (Text 4)

Bezugsliteratur

- Caspar David Friedrich in Briefen und Bekenntnissen. Hrsg. v. S. Hinz. Berlin/München 2. Aufl. 1974
- E. Klessmann: Die Welt der Romantik. München 1969
- H. Bösch-Supran: Caspar David Friedrich. München 1973
- F. Baumgart: Vom Klassizismus zur Romantik 1750–1832. Die Malerei im Jahrhundert der Aufklärung, Revolution und Restauration. Köln 1974.

In der ersten Doppelstunde haben die Schüler ein Verfahren kennengelernt, das die objektgebundenen Tatsachen eines Bildwerkes erkennbar werden läßt (Wölfflin-Textschema). In der nun folgenden zweiten Doppelstunde sollen die Schüler unterschiedliche Verhaltensweisen von Betrachtern vor Bildwerken kennenlernen und werten lernen. Ziel ist es, festzustellen, welche Verhaltensweisen gegenüber dem Betrachtungsobjekt Erkenntniswerte besitzen.
Der Schüler soll diese Verhaltensweisen typisieren können. Er soll die Beziehung zwischen einer bestimmten Verhaltensweise und einem bestimmten Bildverständnis analysieren können, um sein eigenes Verhalten darauf ausrichten zu lernen.

Verlaufsskizze

1. Unterrichtsschritt

Um einen sicheren Ausgangspunkt für die folgenden Untersuchungen zu haben, ist es angebracht, das am Ende der vorigen Stunde erarbeitete Schema der Analyseschritte Wölfflins noch einmal in Erinnerung zu bringen (durch einen Tafelanschrieb, als Hausaufgabe oder Arbeitspapier).
Danach wird die Gruppe in das Vorhaben dieser Stunde eingeführt. Aus sieben unterschiedlichen Äußerungen über das Bild „Mönch am Meer" von C. D. Friedrich sollen unmittelbar subjektive und objektivierende Reaktionsweisen der Betrachter herausgearbeitet und beschrieben werden. Zu diesem Zweck werden am besten drei (bis fünf) Gruppen gebildet. Sie erhalten die schriftlich fixierten Äußerungen mit folgendem Arbeitsauftrag:

1. Nennen Sie Verhaltensweisen, die bei der vorliegenden Zuwendungsart zum Bild erkennbar sind. Nehmen Sie dabei das Analyseschema der vorigen Stunde zu Hilfe.
2. Überlegen Sie, zu welchem Bildverständnis ein Betrachter mit den von Ihnen beschriebenen Verhaltensweisen gelangen kann.

Die sieben Texte weisen unterschiedliche Schwierigkeitsgrade auf. Deswegen ist es auch angebracht, die erste Gruppe drei, die zweite zwei Texte, die dritte und vierte Gruppe je einen Text bearbeiten zu lassen. Einer fünften Gruppe kann der Auftrag erteilt werden, zu dem einführenden Text nach H. Lützeler Stellung zu nehmen. Es ist jedoch auch möglich, diesen Text nach Bearbeitung der Äußerungen über Friedrichs Bild gemeinsam zu behandeln.
Die Texte 5 (2 Teile) und 6 sind jedem unmittelbar zugänglich und daher leicht zu bearbeiten.
Die Texte 7 und 8 stellen schon etwas höhere Anforderungen an das Bearbeiten, doch ist durch den Vergleich beider Äußerungen das Wesentliche gut zu erfassen.
In Text 9 nehmen die Angaben über den historischen Kontext zu. Es werden räumlich-inhaltliche Bezüge aufgezeigt, die zum Allgemeinwissen kunsthistorisch Interessierter gehören, dem Schüler aber nicht unmittelbar geläufig sind.
Text 10 ist schwer zugänglich da er – unter Hintanstellung aller konkreten Hinweise – historisch-gesellschaftliche Bedingungen auf

der Ebene des ‚Historischen Materialismus' behandelt. Für diesen Text sollte man deswegen möglichst Schüler heranziehen, die ein hohes Abstraktionsvermögen haben oder in ihrem Denken zu einer solchen Sichtweise neigen.

Die Schüler benötigen für die Gruppenarbeit kaum 30 Minuten. Während dieser Zeit sollte der Lehrer als Berater Hinweise und Denkanstöße geben, Verständnisschwierigkeiten beseitigen helfen, Begriffe erklären und Zusammenhänge nach Bedarf erläutern.

Die erste Gruppe hat drei Verhaltensweisen von Betrachtern zu bearbeiten. Text 5 ist von Kleist, Brentano und von Arnim 1810 bei der ersten öffentlichen Ausstellung des Bildes in Berlin verfaßt worden. Er berichtet im Geschmack der damaligen Zeit über beobachtete Reaktionen von Besuchern.

In dem Teilstück „Eine Dame und ein Herr" wird eine Art der Bildwerk-Betrachtung angeprangert, die zu nichts führt, da sie auf einer Kette von Mißverständnissen beruht. Die Haltung der Betrachterin ist gewöhnlich, unbeweglich, subjektiv befangen und blind gegenüber der Objektwelt. Das geringe Kunstverständnis der Dame ist daran festzumachen, daß sie mit der Bildgattung (Landschaft) und der Technik (in Öl) als Kennzeichnung eines Bildes zufrieden ist. Sie fragt weder nach Titel noch Inhalt. Als der Herr ein subjektives Gefühl des Angemutetseins (tief und erhaben) zu äußern versucht, welches er in Modeausdrücken der damaligen Zeit kleidet, mißversteht die Begleiterin seine Ausdrücke in platt-inhaltlicher Weise (tiefe See / erhaben, d.h. erhöht stehender Kapuziner!). Die Dame vermag Gegenstände ihrer Umgebung nur trocken rational zu kategorisieren. Als der Herr den Namen des Malers nennt, kann sie nur die Symbolfigur der preußischen Militärstärke, Friedrich II. von Preußen, mit diesem Namen verbinden („Ist es [das Bild] schon so alt..."); Friedrich II. war schon 1786 gestorben; Friedrich, der Maler, war um 1810, an der Schwelle seiner Berühmtheit. Und aus der Antwort des Herrn geht auch nur seine *oberflächliche* Gefühlhaftigkeit hervor, indem er sein Gefühl mit dem damals in Mode gekommenen Dichternamen Ossian in Zusammenhang bringt. Diese Dichterfigur wurde 1760 erfunden und mit Resten alter irischer Bardengesänge des 9. und 11. Jahrhunderts in Verbindung gebracht. Obwohl Ossian nie existierte, diente er der Sturm- und Drang-Zeit als Symbolfigur für ein naturnahes und ursprüngliches Dichten.

Im zweiten Teilstück „Zwei junge Damen" werden diejenigen Leute charakterisiert, die sich vor Bildwerken fortwährend bemühen, von den Umstehenden etwas aufzuschnappen, ohne sich im geringsten auf die eigene Fähigkeit des Sehens und Empfindens zu verlassen. Es muß nicht erst lange erörtert werden, daß auf beide Arten kein Zugang zum Eigentümlichen des Werks erreicht werden kann.

Die im Brief eines Unbekannten (Text 6) verdeutlichte emotionale Begeisterung stößt bei uns heute im allgemeinen auf wenig Verständnis. Man findet ein solches Verhalten oft „komisch". Gleichwohl muß den Schülern verständlich gemacht werden, daß dies Verhalten vor Bildwerken grundsätzlich positiv zu bewerten ist. Das Eindringen-Lassen der ausstrahlenden Wirkung eines Werkes ist ein Vorgang, bei dem subjektive Sensibilität und objektive Qualität in Einklang kommen. Allerdings lassen das Mitfühlen und Miterleben für analysierende Schritte keinen Raum. Besonderheiten des Werkes werden wohl erfahren („die tiefe, unergründliche Einsamkeit..."), doch macht die emotionale Grundgestimmtheit ein angemessenes begriffliches Erfassen kaum möglich. Deshalb können diese Aussagen auch auf jedes andere Bild übertragen werden. Aus dem Einklang subjektiven Erlebens in diesem Textbeispiel tritt der Zweiklang der Subjekt-Objekt-Beziehung spannungsvoll hervor und wird als methodisches Problem erfahren.

Im Idealfall müßten die Schüler der Gruppe 1 folgende Ergebnisse vortragen:

Text 5 (1. Teil): Es gilt nur die eigene Person, nicht das Bild. Der Betrachter kommt auf diese Weise zu keinem Bildverständnis.

Text 5 (2. Teil): Es gibt nur Assoziationen aus dem Lebensumkreis, aber keinen eigenen Standort, von dem aus das Bild gesehen werden kann. Eine so wenig selbstbestimmte Haltung verhindert das Eindringen in ein Bildwerk.

Text 6: Ein subjektiver, erlebnishafter Zugang zum Werk ist vorhanden. Die Zuwendung entspringt persönlicher Begeisterung, die durch ein Qualitätserlebnis ausgelöst wurde. Das intensive Erleben verdrängt den Wunsch nach begrifflicher Klärung.

Die Texte von Semler und von Frau v. Kügelgen enthalten Berichte von Personen, die im Atelier C. D. Friedrichs das zur Diskussion stehende Werk gesehen haben, als es noch im Entstehen war. Für die geistig Interessierten war es damals durchaus üblich, Künstler zu besuchen und darüber zu schreiben. Chr. Aug. Semler war der schriftstellernde Sohn eines Theologen. M. Helene v. Kügelgen war die Frau eines Professors der Kunstakademie in Dresden, der viel Interesse für die Arbeiten Friedrichs zeigte. Semlers Text war für eine Veröffentlichung bestimmt, Frau v. Kügelgen schrieb über das Bild an ihre Freundin Friederike Volkmann.

Die Texte unterschieden sich – abgesehen von sachlichen Einzelbeobachtungen – nur dadurch, daß Semler seine Beobachtungen dazu benutzt, einem positiven Eindruck über das Bild Ausdruck zu geben, während Frau Kügelgen ähnliche Beobachtungen negativ wertet und sich mit dem Bild nicht anfreunden kann. Semler gibt zunächst eine Art inhaltlicher Beschreibung (hier gekürzt) und hebt erst dann hervor, was ihm an dem Bild gefallen hat. Frau v. Kügelgen hingegen teilt gleich zu Anfang mit, daß das Bild sie nicht anspricht. So gerät ihre abrupte Aufzählung der Gegenstände mehr und mehr in eine emotionale Wertung („... wo ein ... Eremit umherschleicht"). Schließlich beklagt sie das Fehlen einer Handlung, da sie nur durch sie ihre seelische Grundhaltung gegenüber der Welt im Bilde wiederfinden kann.

Im Vergleich wird deutlich, daß Semler nicht weniger subjektiv urteilt, da er sich um die Intentionen des Malers nicht sorgt. Doch trifft dieses Bild seine Vorstellungen (in der Textvorlage: letzter Satz) und somit findet er einen positiven Zugang zum Sinn des Bildes. Im Gegensatz dazu vermißt Frau Kügelgen die Wiedergabe ihrer Empfindungen und Vorstellungen, und deswegen hat das Bild für sie keinen Wert.

Diese Haltung vor Bildern ist auch heute am häufigsten anzutreffen. Der Betrachter setzt voraus, daß ein Werk ihm zu Gefallen hervorgebracht wurde. Nur methodisch Geschulte ziehen in Betracht, daß der Künstler etwas ausdrücken oder mitteilen will, dem es im Bild nachzuspüren gilt. So liegt der Sinn dieses Kurses vor allem auch darin, die Schüler so weit zu bringen, daß sie zu einer objektbezogenen Bearbeitung von Bildwerken fähig werden. Deswegen ist auf das Erkennen dieses Fehlverhaltens vor Bildwerken besonderes Gewicht zu legen. Im Idealfall müßten die Schüler der Gruppe 2 zu folgenden Ergebnissen kommen:

Text 7: Die Zuwendung zu objektiven Bildeinheiten gilt der Bestätigung subjektiver Gefühle und Sinnvorstellungen. Ein Bildverstehen ist daher abhängig von der Gestimmtheit der Person und zufällig.

Text 8: In der Zuwendung zum Bildwerk werden objektiv vorhandene und erkannte Inhalte nur zur Bestätigung eigener Vorstellungen benutzt. Das Bildverstehen beruht auf subjektiver Täuschung.

Der gekürzte Text 9 stammt von dem Kunsthistoriker Wieland Schmied, der als Direktor der Kestner-Gesellschaft auch pädagogische Neigungen zeigte. Auch in dem Buch, aus dem der Text stammt, versucht er, dem Leser Friedrichs Bilder in Einzelwerkbetrachtungen nahezubringen. Der Text ist verständlich abgefaßt. Um ihn jedoch gliedern zu können, ist es gut, das Analyse-Schema von Wölfflin hinzuzuziehen (s. Stundenblatt 1. Doppelstunde, 6. Unterrichtsschritt).

Wie also geht dieser Wissenschaftler vor? Zunächst stellt er das Einzelwerk in einen größeren, historischen Zusammenhang, der Kenntnis über die tradierten Formen der Landschaftsmalerei verrät (1. Abschnitt). Dann aber geht er sogleich auf die Verwendung formaler Gestaltungsmittel im Bereich der Raumdarstellung ein, nicht ohne auch sie in einen historischen Zusammenhang, der bis zur Gegenwart reicht, einzubetten. Im Anschluß daran behandelt Schmied das, was der Maler mit seinen Mitteln tut (3. Abschnitt), wobei zwischen formalen Gestaltungsmitteln und inhaltlichen Gegebenheiten nicht klar unterschieden wird (z. B. „blendende Helle" [formal] „des Sandes" [inhaltlich]). Im darauffolgenden Abschnitt wird die Raumdarstellung genauer analysiert, indem er die wechselseitigen Beziehungen der inhaltlichen und gleichzeitig formalen Bildteile untersucht. Dabei stößt er auf eine von Friedrich offensichtlich gewollte Besonderheit dieses Bildes: Der Bildraum ist nicht mehr nach den einheitlichen Gesetzen der Zentralperspektive konstruiert (wie es selbst noch die Impressionisten halb unbewußt machen und erst die Kubisten bewußt unterlassen oder umkehren). Da das Bild nicht mehr durch perspektivische Tiefenzüge sondern durch streifenartige Farbflächen gegliedert ist, wird dem Mönch eine alles bindende Sonderstellung im Inhaltlichen, Kompositionellen und bei der Interpretation zugebilligt. Diese beginnt im letzten Abschnitt, indem die beobachteten Besonderheiten der Raumauffassung Friedrichs auf die allgemein menschliche Situation bezogen werden, die sowohl diejenige des Betrachters vor dem Bild wie die des Mönches im Bild ist.

An Hand des Textes wird deutlich, was dieses Bild – durch ein fundiertes Wissen und ein Sehen, auf Grund dessen nachprüfbare Folgerungen gezogen werden können – dem Betrachter, gleich welcher Zeit, an Einsichten vermitteln mag. Es entsteht nicht nur eine historisch richtige Auffassung über das Bild C. D. Friedrichs, als Maler der Romantik, sondern gleichzeitig wird uns auch deutlich gemacht, welche Bedeutung das Prinzip des Romantischen für unser eigenes Leben hat.

Im Idealfall müßten die Schüler der Gruppe 3 zu folgenden Ergebnissen kommen:

Objektivierende Verhaltensweisen werden deutlich an:

- Aussagen zur Werktradition der Landschaftsmalerei (historische Einordnung)
- Aussagen über formale Gestaltungsmittel in Verbindung mit Inhalt in den Bereichen Linie / Fläche, Licht- und Raumdarstellung
- Aussagen über Beziehungen zwischen formalen Mitteln der Raumdarstellung und ihren inhaltlichen Wirkungen
- Aussagen über den Sinn des Bildes, der exemplarisch aus der Raumauffassung des Bildes herausinterpretiert wird. Sie sind subjektive Deutungen. Da sie aber an Tatsachen des Bildes objektiv festzumachen sind, überschreiten sie den gesteckten Rahmen objektiver Erkenntnisse nicht.

Wer sich so vor Bildern verhält, bekommt durch das Werk Einblicke in das Denken einer Zeit und eines Künstlers und kann daraus für sich Gewinn ziehen. Wissen und Können sind allerdings Voraussetzung für ein solches Erkenntisvermögen, dem eine wissenschaftliche Arbeitsweise bzgl. des Bildes zugrunde liegt.

Der Text von Wedewer ist schwer verständlich, weil er auf das vor Augen stehende Werk C. D. Friedrichs nicht im einzelnen eingeht. Dies liegt an der Eigenart des Vorgehens seitens des Autors, der dem ‚Historischen Materialismus' nahesteht.

Nach dieser Auffassung spiegeln alle Werke der Menschen – also nicht nur Kunstwerke – gesellschaftliche Zustände wider, die von Veränderungen der objektiven ‚Realität' bewirkt werden, wie z.B. die Eisenverhüttung und die Bevölkerungsexplosion als objektive Gründe für die Industrialisierung im 19. Jahrhundert geltend gemacht werden. Deswegen stellt der Verfasser gleich zu Anfang die für ihn entscheidende Frage, ob „die Entwürfe der Landschaftsmalerei" die historisch-gesellschaftliche Situation der Produktionsverhältnisse um 1800 widerspiegeln. Es wird ein „Gefühl der Entfremdung" konstatiert, das mit entsprechenden Veränderungen der manufakturellen Produktionsstrukturen hin zu industriellen korreliert. So richtig die Theorie der sich wandelnden Produktionsverhältnisse auch für diese Zeit ist, so wenig ist davon – wie der Verfasser selbst zugibt – in den Bildern der romantischen Maler zu finden („Zugegeben, daß die romantische Landschaftskunst weithin frei bleibt von Spuren der gesellschaftlichen Verhältnisse dieser Epoche"). So wird nach einer Erklärung gesucht, die den eigenen Denkansatz (die Theorie des historischen Materialismus) bestätigen hilft. Es wird nun ein Widerspruch (Antagonismus) zwischen der Tendenz der Landschaftsmalerei zur ‚verharmlosenden Idylle' und den – nicht sichtbaren – Wurzeln der Bilder konstruiert und entsprechend politisiert (denn am Ende des ‚Idyllischen' wird die verlogene pseudoklassizistische Nazikunst gesehen, während in historisch-materialistischer Sichtweise der sozialistische Realismus die „Arbeitswirklichkeit" bewußt macht!). So ist die (dialektisch aufgefaßte) Gegenüberstellung von ‚hochgesteigertem Subjektivismus' des Einzelnen (These) mit der ‚tatsächlichen gesellschaftlichen Unterdrückung' durch die frühindustriellen Produktionsverhältnisse (Antithese) in Beziehung zu dem ‚Einklang von Wahrnehmung und Empfindung, von Gefühl und Verstand' (Synthese) ein theoretisches Konstrukt. Die beobachtbare und quellenmäßig belegbare Wirklichkeit vielfältiger Wahrnehmungen und Empfindungen wird durch eine philosophisch-gesellschaftliche Theorie überformt und so dem von Marx vorhergesagten (aber nicht eingetretenen) Prozeß einer sich gesetzmäßig fortentwickelnden Gesellschaft eingefügt.

Der Schüler braucht die philosophischen Hintergründe nicht um das, worauf es ankommt, zu verstehen. Je ungebundener er denkt, desto eher wird ihm auffallen, daß der Verfasser den fortwährenden Widerspruch zwischen aufgestellten Theoremen und nicht vorhandenen, die Theoreme stützenden, Fakten, zu lösen versucht. So gesehen eignet sich der Autor die Wirklichkeit eines historischen Geschehens auf seine Weise an, um eine ihm teure Theorie der kulturellen und geschichtlichen Entwicklung zu stützen. Er verfälscht den historischen Prozeß nicht wegen unkontrollierter Gefühlhaftigkeit, sondern aus einer intellektuell erworbenen weltanschaulichen Gesinnung heraus.

Im Idealfall können die Schüler folgendes feststellen:

– Es wird nur der historische Kontext im Bereich historisch-gesellschaftlicher Bedingungen behandelt. Die Darstellung dieser Bedingungen ist an nicht verdeutlichte theoretische Vorgaben gebunden und nicht an das Bildwerk selbst.
  Der Objektivierungsprozeß findet im Freiraum geistigen Spekulierens statt.
– Die Bearbeitung beginnt mit einer theoretischen Vorgabe, die eine bestimmte Einstellung zum Werk schon vorwegnimmt. So entsteht ein Urteil, das aus einer subjektiven Gesinnung und nicht aus Tatsachen gebildet wird.

2. Unterrichtsschritt

Nach Beendingung der Gruppenarbeit tragen die Schüler zunächst vor, was sie herausgefunden haben. Dabei sollte auf diejenigen Äußerungen besonders geachtet werden (diese auch im Tafelanschrieb festhalten!), die zum Benennen typischer Verhaltensweisen verhelfen können. Durch ein offenes Unterrichtsgespräch, in dem die Schüler aufgefordert werden, das Typische der Verhaltensweisen stichwortartig aufzuzeigen, wird ermöglicht, im Plenum zutreffende Bezeichnungen (,Erleben, Verstehen, Erklären, Aneignen') finden zu lassen. Sie werden nebeneinander an die Tafel geschrieben (vgl. Tafelanschrieb, Stundenblatt).

3. Unterrichtsschritt

Im folgenden werden die Schüler aufgefordert, die genannten Verhaltensweisen inhaltlich weiter auszuführen. Stichworte werden den benannten Verhaltensweisen zugeordnet (siehe Tafelanschrieb, Stundenblatt).

4. Unterrichtsschritt

In einem letzten Unterrichtsschritt gilt es, danach zu forschen, ob die entsprechenden Verhaltensweisen Erkenntnisse erbringen und wenn ja, welcher Art. Hier kann der Lehrer Urteilsqualitäten vorgeben, die das Denken des Schülers auf die richtige Fährte lenken (Tafelanschrieb):
– Entstehen von Geschmacksurteilen
– Entstehen von Werturteilen
– Entstehen von Gesinnungsurteilen.
Die im offenen Gespräch gefundenen Verhaltensweisen (s. 3. Unterrichtsschritt) werden nun auf ihren Erkenntnisgehalt hin überprüft, wobei unmittelbar auf die sieben Texte verwiesen werden kann. Schwierigkeiten können sich bei der Unterscheidung der Schritte ,Verstehen' und ,Erklären' einstellen. Auf sie hatte einst Dilthey zur methodischen Differenzierung von geistes- und naturwissenschaftlichem Denken großen Wert gelegt. Popper hat schließlich die Unterscheidungsmöglichkeit überhaupt bezweifelt. Unabhängig von der Diskussion um die Berechtigung der Verwendung beider Begriffe unter wissenschaftstheoretischen Prämissen (vgl. H. Albert: Konstruktion und Kritik. Hamburg 1972, S. 31 f.) kann ein Unterschied allein schon aufgrund des allgemeinen Sprachgebrauchs festgestellt werden: Erklären heißt, etwas deutlich machen, auch einen Sachverhalt aufgrund von Feststellungen beurteilen. Verstehen heißt, etwas entsprechend der eigenen Einsicht auffassen, das Vermögen, einen Gedankengang nachvollziehen und erleben zu können (vgl. Duden, Synonymwörterbuch). In diesem Sinne soll hier die Unterscheidung aufrechterhalten bleiben und ,Verstehen' als ein persönlicher Akt, ,Erklären' als ein nur von den Fakten abhängiger Akt des Erkennens aufgefaßt werden (vgl. Tafelanschrieb, Stundenblatt). Durch diese Begriffserklärung ist es nicht notwendig, auf den Streit der Philosophen und Wissenschaftstheoretiker einzugehen. Durch die Herausarbeitung des Erkenntnisgehalts wird das Ziel der Stunde erreicht: Die Schüler müssen einsehen, daß subjektive Verhaltensweisen keinen Erkenntniswert besitzen, jedoch eine subjektunabhängige Erkenntis beim Betrachten von Bildwerken auch nicht möglich ist.

Alternativen

Es besteht auch die Möglichkeit, die Texte als Vorlagen für Rollenspiele zu nehmen. In szenischer Verarbeitung können die Verhaltensweisen und Einstellungen natürlich viel unmittelbarer vermittelt werden, als dies bei theoretischer Textbearbeitung möglich ist. Die drei letzten Texte müßten dabei in Form von Interviews ,berühmter Wissenschaftler' vor dem Bild aktualisiert werden.

Die 1. und 2. Doppelstunde bilden in sich eine Einheit, die den Zusammenhang von nichtwissenschaftlicher und wissenschaftlicher Erkenntnis behandelt. Es ist allerdings auch möglich, die Reihenfolge der Stunden zu vertauschen. Der Einstieg mit der zweiten Doppelstunde hätte den Vorteil, daß die wissenschaftlichen Arbeitsweisen in einer leichteren Form erfahren werden könnten, da über die alltäglichen Verhaltensweisen von Betrachtern schon reflektiert wurde. Wölfflins Forderungen an eine wissenschaftliche und objektivierende Bearbeitung von Bildwerken kann dann gewissermaßen aus den Fehlstellen der alltäglichen Verhaltensweisen entwickelt werden. Es wäre dann mit Hilfe des Textes von Wieland Schmied der Übergang zum Wölfflin-Text zu suchen, um tiefer in die wissenschaftlichen Arbeitsweisen einzudringen.
Hier wurde dem Wölfflin-Text der Vorrang gegeben, weil er vorab einen Maßstab setzt, an dem sich die Schüler in der 2. Doppelstunde orientieren können.

Voraussetzungen zum Interpretieren von Bildwerken

Vorbemerkungen zur 3. bis 5. Doppelstunde

In den folgenden drei Unterrichtsabschnitten soll ausschließlich über die jedem Kunstwerk eigenen Inhalts- und Formbeziehungen gesprochen werden. Sie mit den Augen wahrzunehmen bevor man allgemein historische und soziologische Betrachtensweisen zur Erklärung seiner Gestaltung heranzieht, ist Forderung jedes bedeutenden Kunsthistorikers – ob er nun Wölfflin, Sedlmayr, Badt oder Panofsky heißt. Wer anders verfährt, setzt die Einsichten in das Gefügtsein des Werkes entweder unbewußt voraus oder bleibt im Spekulieren über die sogenannten Randbedingungen stecken.
Ein nur auf die Sache selbst gerichtetes Vorgehen ist mit Recht „immanente Werkanalyse" genannt worden. Ihr Ziel ist, „die auf Verstehen beruhende Erfassung und Vermittlung ... aller an der Gestaltung zu einheitlicher Gestalt beteiligten Formelemente in ihrer Wirksamkeit und ihrem Zusammenwirken zu begreifen..." (J. Kaiser: Literarische Wertung und Interpretation. In: Die Vortragsreise. Bern 1958, S. 45/46). Dieses eng am Werk orientierte Vorgehen ist vor allem in letzter Zeit wieder kritisiert worden. Dies geschieht zu Recht, „da jede Kenntnis auch der geringsten Tatsache zu einer ungeahnten Wichtigkeit für die Erkenntnis werden kann, sobald sie in irgendeinem bestimmten Zusammenhang betrachtet wird..." (K. Fiedler, Über die Beurteilung von Werken der Bildenden Kunst. 1876. Hrsg. von E. Parnitzke, Ratingen 1960, S. 17). Außerdem ist von den Vertretern einer nur werkbezogenen, sog. bildnerischen Analyse stets verkannt worden, daß jeder Betrachter aus einem sozialen und historischen Kontext einer bestimmten Kultur mehr oder weniger unbewußt urteilt, indem er eine Vorauswahl an Gegenständen und Fragestellungen trifft. Jedoch sollte man den zweiten und dritten Schritt nicht vor dem ersten tun: „Die Überhandnahme jener geschichtswissenschaftlichen Studien ist keineswegs das Zeichen einer gesteigerten Regsamkeit des Interesses an der Kunst, vielmehr gerade das Zeichen dafür, daß ganz andere Interessen viel reger sind als die künstlerischen." (K. Fiedler, op. cit., S. 17).
Und so soll es hier denn auch gehalten werden: Zunächst geht es darum, das Vorhaben des Künstlers in seinem Werke verstehen zu lernen, um sich erst dann denjenigen Bedingungen zuzuwenden, die oft dem Künstler selbst gar nicht bewußt waren. Sie müssen mittels geeigneter Methoden erst erarbeitet werden. In diesem Sinne gehören die folgen-

den drei Doppelstunden als Einheit zusammen. Sie verfolgen ein allen drei Abschnitten übergeordnetes Ziel:

Der Schüler soll lernen, daß die Interpretation eines Bildwerkes vom Erfassen der sichtbaren Beziehungen von Form und Inhalt im Werkganzen ausgehen muß, wenn sie sachangemessen sein soll.

Erst in den darauffolgenden acht Doppelstunden sollen die weitergehenden Fragen bzgl. der Interpretation eines Kunstwerkes in seinem historischen, gesellschaftlichen und kulturellen Umfeld methodisch angegangen werden.

Es geht zunächst darum, dem Werk direkt und unmittelbar zu begegnen, es in seinen eigenen Ausdrücken auffassen zu lernen. Über die Art und Weise, in der dies geschehen kann, muß situativ entschieden werden. Je nachdem, ob derartige Gedankengänge für den Schüler ganz neu sind oder ob es sich lediglich um eine Wiederholung handelt, muß unterschiedlich verfahren werden. Nur verzichten kann man auf diesen Kern aller objektivierenden Beschäftigung mit dem Bildwerk nicht.

Idealtypisch lassen sich zwei didaktische Möglichkeiten denken, die entsprechend der Situation modifiziert werden können:

Die erste Möglichkeit bietet sich an, wenn es sich lediglich um eine Wiederholung und im gewissen Sinne dann um eine Systematisierung von längst Geübtem und daher auch Bekanntem handelt. In diesem Fall sollten die Texte und die dazugehörigen Bildbeispiele (vielleicht auch noch aus früheren Arbeiten dieser Schüler) zum Anlaß genommen werden, sich die bildnerischen Sachverhalte in Erinnerung zu rufen und systematisch zu erfassen. Die Schüler werden dabei aufgefordert, das eine oder andere Mittel des Künstlers im Bereich Inhalt, Form, Farbe, Hell-Dunkel, Körper und Raum, Komposition und Dekomposition exemplarisch herauszustellen, weitere Beispiele dafür zu suchen (auch Fotos und Anzeigenwerbungen) oder den Gebrauch derartiger Mittel zu erproben (Hausaufgabe). Die Ergebnisse werden dann von der Klasse gedeutet und beurteilt. In diesem Fall ist es möglich, mit den veranschlagten 3 Doppelstunden auszukommen.

Die zweite Möglichkeit bezieht sich auf die Situation, daß derartige Gedankengänge der Klasse neu sind. In diesem Fall lassen sich die Texte und die dazugehörigen Bildbeispiele so bearbeiten, daß sich schließlich Aufgaben zur weiteren eigenständigen Bearbeitung dabei herausschälen. Ist der Lehrgruppe ein Arbeiten mit dem konkreten bildnerischen Material des Künstlers sehr ungewohnt, wird der Lehrer nicht umhinkommen, mit den Schülern die Aufgaben zu besprechen und das Einschlagen des Lösungsweges so lange zu überwachen, bis die Bewältigung durch den Schüler gewährleistet erscheint. Die Arbeit kann dann zu Hause fertiggestellt werden. Dem Lehrer ist es anheimgestellt, wieviele Aufgaben, die sich in recht beträchtlichem Umfang aus den Texten entwickeln lassen, praktisch bearbeitet werden sollen. Es ist denkbar, daß alle Schüler zusammen wenige Aufgaben exemplarisch im Hinblick auf den Aussagewert bildnerischer Mittel bearbeiten oder daß einzelne Gruppen unterschiedliche Aufgaben erhalten oder daß der einzelne Schüler sich aus dem Angebot (Tafelanschrieb) das heraussucht, was seinen Interessen und Fähigkeiten entspricht.

Bildinhalte, die eine grundsätzliche Bedeutung für das Erkennen bildnerischer Strukturen haben, sind jeweils in den einzelnen Stundenbeschreibungen besonders erwähnt. Der Lehrer sollte sich nur nicht verführen lassen, in die Vermittlung einer bildnerischen Grundlehre abzuschweifen. Darauf kommt es in diesem Kurs nicht an. Das Ziel ist lediglich die Beantwortung der Fragen: Was sind Beziehungen im Bildganzen? Was leisten sie im Hinblick auf eine Interpretation des Bildwerks?

Muß den Schülern das Aufstellen von Bezie-

hungen erst gelehrt werden, reichen die veranschlagten drei Doppelstunden als Bearbeitungszeit nicht aus. Dies ist nicht tragisch. Selbst wenn die Unterrichtszeit von insgesamt 15 Doppelstunden nicht überschritten werden kann, ist es besser, dieses Kernstück der Werkinterpretation sorgfältig zu bearbeiten und lieber später eine der Methodendifferenzierungen (z. B. die Unterscheidung von hermeneutischem und kritischem Vorgehen) beiseite zu lassen. Im folgenden werden – den Stundeneinteilungen entsprechend – das Vorgehen und die Texte besprochen. Eine Sammlung möglicher Aufgabenstellungen schließt sich an. Sie wird nur stichwortartig gegeben.
Alle Aufgaben lassen sich durch Zeichnen und Malen lösen. Im Abschnitt „Inhalt und Form" kann auch mit Collagetechniken gearbeitet werden. Die Veränderungen der Bildaussage bei gleichbleibendem Gegenstandsangebot läßt sich so schneller und eindringlicher verwirklichen. Man kann Arbeitszeit sparen, wenn nicht nur im Bereich „Linie, Fläche und Hell-Dunkel" gezeichnet wird, sondern auch die folgenden Abschnitte „Körper, Raum und Entfernung" und „Komposition und Dekomposition" nur zeichnerisch bearbeitet werden. Der letzte Abschnitt läßt sich ebensogut im Collageverfahren bearbeiten, Nitrofrottage oder auch Materialfrottage bieten eine interessante Abwechslung.
Die Erläuterungen in den folgenden Stundenbeschreibungen beziehen sich auf das Abbildungsmaterial im Schülerarbeitsheft. Bei aller Sorgfalt der didaktischen Auswahl bleibt es dennoch ein zufällig zusammengestelltes Material, das ggf. ausgetauscht, ergänzt und erweitert werden kann.
Alle Probleme, die in den Texten angeschnitten sind, lassen sich zudem sowohl in der gegenständlichen wie in der ungegenständlichen Kunst finden und aufzeigen. Vom allgemein didaktischen Standpunkt einer möglichst eindeutigen Veranschaulichung des jeweiligen Problems aus wurde hier eine Mischung der Bildbeispiele aus der gegenständlichen und ungegenständlichen Kunst bevorzugt.

Bezugsliteratur

- K. Fiedler: Über die Beurteilung von Werken der bildenden Kunst. 1876. Hrsg. v. E. Parnitzke, Ratingen 1960.
- J. Kaiser: Literarische Wertung und Interpretation. In: Die Vortragsreise. Studien zur Literatur, Bern 1958
- H. Sedlmayr: Die Architektur Borrominis. Berlin 1930
- A. Hauser: Kunst und Gesellschaft. München 1973.

3. Doppelstunde: Inhalt und Form; Farb- und Formbeziehungen

Teilziele

- Die Schüler sollen eine Vorstellung von den Entstehungsvoraussetzungen eines Werkes, die Gedankenwelt des Künstlers betreffend, haben. Sie sollen drei Bedingungen für die Entstehung nennen können.
- Die Schüler sollen zwischen Gegenständen und Stoffen auf der einen und Inhalt und Form eines Bildwerkes auf der anderen Seite unterscheiden können.
- Die Schüler sollen erkennen, daß die Aufgabe des Künstlers darin besteht, einen beliebig gewählten Stoff durch die wechselseitige Bedingtheit von Inhalt und Form zu veranschaulichen.
- Die Schüler sollen erläutern können, warum Farbe nicht für sich, sondern nur in Beziehung zu anderen Bedingungen des Umfeldes beurteilt werden kann.

- Die Schüler sollen verschiedene Farbbeziehungen nennen und bildhaft praktisch realisieren können.
- Die Schüler sollen erklären können, warum Farben ein autonomes Mittel sind, künstlerische Anliegen zu veranschaulichen.

Materialien

Reproduktionen von:

- Georg Friedrich Kersting (1758–1847): Caspar David Friedrich in seinem Atelier, 1819, Öl, 51 × 40 cm, Berlin, Nationalgalerie (S. 4)
- Adolph v. Menzel (1815–1905): Das Balkonzimmer, Öl, 58 × 47 cm, 1845, Berlin, Nationalgalerie (S. 4)
- Victor Vasarely (geb. 1908): Tridem – K, Öl, 53,3 × 41,2 cm, 1968, Privatsammlung des Künstlers (S. 5)
- E. Wilhelm Nay (1902–1968): Scheiben und Halbscheiben, Öl, 125 × 162 cm, 1955, Hannover, Sammlung Pelikan (S. 5)
- Pablo Picasso (1881–1973): Guernica, Öl auf Leinwand, 351 × 782 cm, Madrid Prado (s. Farbtafel)
- Ernst Ludwig Kirchner (1880–1938): Rote Akte, Öl auf Leinwand, 120 × 90 cm, 1913/1925, Zürich, Privatbesitz (s. Farbtafel)
- Caspar David Friedrich: Mönch am Meer (s. o.) (s. Farbtafel)

Textauszüge aus:

- F. Schmalenbach: Inhalt und Form bei einem Bild. In: Neue Rundschau, Heft 2, 1979, S. 236–248 (Texte 12, 13)
- W. Baumeister: Das Unbekannte in der Kunst. 1947. Köln 2. verb. Aufl. 1960, S. 52–56 (Texte 11, 14–18)

Zeichenblock DIN A 3 / A 2, Deckfarbenkasten, Borstenpinsel, Bleistift, Pitt-Kreide, Illustrierten

Bezugsliteratur:

- J. Weber: Kunst und Anschauliches Denken. Gestalt, Bewegung, Farbe. Braunschweig 2. Aufl. 1975
- R. Arnheim: Kunst und Sehen. Neufassung Berlin, New York 1978

In dieser Doppelstunde wird in die „immanente Analyse" eines Werkes eingeführt und das künstlerische Mittel der Farb- und Formbeziehungen untersucht.
Der Anlaß für solche Studien ergibt sich aus einer Textstelle bei Wölfflin. Er ging davon aus, daß das Einzelne jeder sieht, daß es aber zum Begreifen eines Bildwerks gehört, das Gefüge des Ganzen zu begreifen. Es geht also darum, das System der sich gegenseitig stützenden und steigernden Momente, der Entsprechungen und Widersprechungen zu erkennen, die nicht gesondert nebeneinanderliegen, sondern sich gegenseitig bedingen, was dann die Einheit des Ganzen ausmacht (Schülerarbeitsheft, 1. Kapitel, Text Wölfflin, 2. Abschnitt). Auch der Kunsthistoriker W. Schmied spricht von der „untrennbaren Einheit" unterschiedlicher Raumdimensionen im Bilde C. D. Friedrichs und versucht, die Mittel zu analysieren, mit denen er seine Raumerfahrung zum Ausdruck bringt (Schülerarbeitsheft, 2. Kapitel, Text Schmied, 3. Abschnitt).
Nun gilt es, diese ureigensten Mittel des bildenden Künstlers kennenzulernen und das Wissen darüber als Grundlage jeder interpretatorischen Beschäftigung mit einem Bildwerk einsetzen zu lernen.
Hierzu dienen verschiedene Texte von Baumeister und ein Text von Schmalenbach.
Baumeister (1889–1955) gehört zu den führenden Malern der abstrakten Kunst. Er war Schüler von A. Hölzel. Nach 1933 wurden seine Bilder für entartet erklärt und zum Teil vernichtet.
Ab 1946 lehrte er an der Kunstakademie in Stuttgart. Seine Bildideen entwickelte er

häufig in Werkserien, in denen er bestimmte Motive und Problemstellungen anging. Dieser reflektorischen Neigung ist auch sein Buch „Das Unbekannte in der Kunst" zu verdanken, das er 1947 erstmals veröffentlichte.

Aus ihm sind die hier zitierten Texte entnommen. Es ist eine systematisch angelegte Schrift über den zentralen Auftrag der Kunst, die Sichtweisen des Menschen zu erweitern. Dem Zeitgeist entsprechend tritt Baumeister entschieden für die gegenstandslose Kunst ein, ohne jedoch zu verkennen, daß die gegenständliche Kunst der Vergangenheit im Grunde den gleichen Prinzipien unterworfen ist, welche er in Verarbeitung von Erkenntnissen Ittens, Klees und Kandinskys entwikkelte.

Schmalenbach war Direktor der Lübecker Museen und hat sich mit dem Jugendstil, Kokoschka und dem Impressionismus beschäftigt. Er wollte eigentlich Maler werden, weswegen er ein seinen Augen vertrauender, unabhängig denkender Wissenschaftler wurde.

Das Vorgehen in dieser Doppelstunde gliedert sich in zwei Abschnitte. Im ersten werden die Entstehungsvoraussetzungen eines Werkes im Bereich der Gedankenwelt des Künstlers behandelt und im zweiten die Mittel, die dem Künstler bei der Verwirklichung eines Werkes im Bereich Form und Farbe zur Verfügung stehen. Andere künstlerische Mittel werden dann in den zwei folgenden Doppelstunden exemplarisch behandelt.

Verlaufsskizze

1. Unterrichtsschritt

Im ersten Unterrichtsschritt geht es um die Frage, worin die ‚Einheit eines Kunstwerks' begründet ist. Hierzu wird der Text von Baumeister (Text 11) herangezogen. Nachdem der Text gemeinsam gelesen wurde und Verständnisfragen geklärt sind, sollten die Schüler auf entsprechende Textstellen bei Wölfflin (Zeile 33 bis 47) und Schmied (Zeile 9ff. und 26f.) ihr Augenmerk lenken im Hinblick auf folgende Fragen: Worin besteht die „Einheit", „das Formgefüge", „der Zusammenhang", von dem Kunsthistoriker und Künstler gleichermaßen sprechen? Was also gilt es im Handeln des Künstlers zu verstehen?

Verstehen meint hier eine Einstellung zu Bildwerken, die von der Bereitschaft getragen wird, das Besondere jedes Werkes aus dem Werkzusammenhang zu entwickeln, als Sinngehalt zu erfassen und erst dann in einen größeren Bezug zu stellen.

Nicht nur der Kunsthistoriker sondern auch der Künstler sieht das Kunstwerk als „geschlossene Einheit". Sie hört auf zu bestehen, wenn Teile als unzusammenhängende Einzelheiten gesehen werden. So kann ein Kunstwerk nur verstehen, wer sich um die Beziehungen von Voraussetzungen für ein Werk bemüht.

Die Voraussetzungen lassen sich auf folgenden drei Ebenen festmachen:

1. Die Fähigkeit des Künstlers, „im Sichtbaren einen neuen Wesensaspekt entdecken zu können. Dies geschieht durch seine Einbildungskraft, die nichts anderes ist als das Vermögen, gestaltauffassend Neues zu bilden";
2. das Vorhandensein eines konkreten Materials (Formen, Farben etc.), das aus sich heraus zu wirken in der Lage ist und
3. der Leitgedanke, dementsprechend das Material geordnet werden muß, um eine Aussage zu realisieren.

Seine Aufgabe sieht der bildende Künstler nun darin, eine Entsprechung aller drei Wurzeln in einem Werk herbeizuführen.

Ein Kunstwerk verstehen wollen verlangt dementsprechend vom Betrachter, die Beziehungen zwischen dem neu Entdeckten, dem konkreten Werkganzen und dem dahinterstehenden Leitgedanken aufzufinden.

Am Ende dieses Unterrichtsschrittes sollte der Begriff ‚Verstehen' definiert sein (vgl. auch den Begriff ‚Erklären', Schema, 2. Stunde!) und die Wurzeln der Entstehung eines Werkes genannt sein (Tafelanschrieb). Während die erste, von Baumeister genannte Wurzel nicht weiter untersucht wird, soll der dritten (Leitgedanke) und später auch der zweiten (bildnerisches Material) nachgegangen werden. Es kommt nun also darauf an zu erproben, inwieweit Bildwerke aus ihren eigenen Bedingungen heraus zu verstehen sind.

2. Unterrichtsschritt

Im folgenden sollen sich die Schüler mit der Frage beschäftigen, in welcher Beziehung der Leitgedanke des Künstlers zu Form und Inhalt eines Bildes steht. Hierzu wird der entsprechende Text von F. Schmalenbach gelesen.

Der Autor verwendet vier Begriffe unterschiedlicher Bedeutung: Stoff, Form, Inhalt und Aufgabe. Im ersten Abschnitt wird ein Verständnis des Begriffes ‚Inhalt' vorgestellt, welches ohne den Bezug zum Begriff der ‚Form' auskommt. Gemeint ist hier also die stoffliche Thematik eines Werkes. So ist z. B. das Thema der Darstellung (der Stoff, Gegenstand, Inhalt) auf den Bildern von Kersting und Menzel fast das gleiche: ein Innenraum mit Fenster, genauer ein Atelier und ein Wohnzimmer. Die Bilder behandeln also das gleiche Thema ‚Innenraum'. Wenn nun aber der Inhaltsbegriff – also das Was des Bildes – in Beziehung zu den formalen Gesamt – dem Wie – gesetzt wird, sieht die Bestimmung des Bildinhalts anders aus: sie ist dann in beiden Bildern grundverschieden.

Bei Kersting wird mit allen zur Verfügung stehenden formalen Mitteln eine schon fast beklemmende Kargheit ausgedrückt, die sich nicht nur an der Einrichtung und den Lichtverhältnissen festmachen läßt, sondern ebenso an der tonwertigen Gestaltung der schattigen, glatten Wände, der Wahl der zentralperspektivischen Ansicht des Zimmers und der nackten kontraststarken Begrenztheit des Fensters. Dadurch wird der Unterschied zwischen ‚dort draußen' und ‚hier drinnen', Ferne der Natur und Nähe konzentrierter Künstlichkeit deutlich gemacht. Wodurch? Nicht durch die Gegenstände als solche, sondern durch ihre Auswahl, nicht durch die Farben als solche, sondern durch das Wie ihrer Verwendung.

Ganz anders das Wohnzimmer bei Menzel: Trotz des Vorhangs ist das Zimmer durchlichtet, Farbmodulationen finden sich an den Wänden, ein Spiegel weitet das Ganze imaginär, eine leichte Übereckperspektive bringt statt Strenge bewegte Zufälligkeit zum Ausdruck, die vermeintliche Bewegtheit des Vorhangs schafft eine Vermittlung zwischen innen und außen, ein Wechselspiel von Licht, Bewegung und Luft macht eine lebendige Atmosphäre, obwohl sich niemand im Zimmer befindet... Dadurch wird wohl deutlich, auf welche Weise Inhalt und Form gleichermaßen das Bild sind, untrennbar aufeinander angewiesen! Im Vergleich wird der Betrachter langsam der Aufgabe gewahr, die sich die beiden Künstler beim Malen eines Innenraums (stoffliche Thematik) in so gegensätzlicher Weise (Leitgedanke) gestellt haben!

Welchem der vier bei Schmalenbach verwendeten Begriffe steht nun der des ‚Leitgedankens' am nächsten?

Aus dem Wortlaut des Textes („... die gestellte Aufgabe...") geht klar hervor, daß es sich bei der *Aufgabe* um den im Werk greifbar gewordenen Leitgedanken handelt, dem der Künstler bei der Realisation seiner Bildidee folgte. Auf welche Weise sich der Betrachter nun gegenüber dem Bildwerk verhalten muß, um sich des Leitgedankens vergewissern zu können, wird unmißverständlich dargelegt: er muß die Mittel erforschen, mit denen der Künstler die selbst gestellte Aufgabe anging und zu einer anschaulich nachvollziehbaren Lösung brachte.

Die Schüler sollen erkennen, daß die Aufgabe des Künstlers darin besteht, Mittel zu finden, die seinen Leitgedanken sowohl angemessen als auch anschaulich wiedergeben. Sie als bildlogische Entsprechungen von Form- und Inhalts-Beziehungen zu begreifen ist die erste Aufgabe eines Werkinterpreten.

3. Unterrichtsschritt

Dieses Vorgehen kann in diesem Unterrichtsschritt bildnerisch praktisch erprobt und gemeinsam reflektiert werden.

Aufgabenvorschläge in Stichworten:

Ziel: Abhängigkeit der Bildaussage vom Einsatz bildnerischer Mittel feststellen.
Collagetechnik. Gegenstände dreifach ausschneiden lassen. Einmal ungeordnet nebeneinander als ‚stoffliche Thematik', die beiden anderen Male in je unterschiedlicher Anordnung aufkleben. Dabei auf eine formatfüllende Hintergrundsbehandlung achten. Zuerst an Hand der ‚stofflichen Thematik' Vermutungen über mögliche Leitgedanken anstellen lassen, danach die bildnerischen Lösungen ansatzweise interpretieren.

Ziel: Zwischen stofflicher Thematik und formal-inhaltlich festgelegter Aussage unterscheiden lernen.
Bilder mit ähnlicher Thematik aber unterschiedlicher künstlerischer Aufgabenstellung sammeln und darüber reflektieren lassen. Porträt, Landschaft, Stilleben sind besonders geeignet – Figurenbilder (mit Ausnahme ikonographisch festgelegter Bildvorwürfe) weniger.

An Auswahlreihen mit gleicher stofflicher Thematik bieten sich an (Klett-Galerie):
- Landschaft (mit Wasser): Constable 94177, Lorrain 94773, Corot 94716, Cézanne 94065;
- Landschaft (mit Berghintergrund): Koch 94049, Friedrich 94053, Friedrich 94385, Cézanne 94718, Kokoschka 94779;
- Straße (Tiefenzug): Vermeer 94194, Gaertner 94378, Feininger 94015;
- Stilleben (mit Blumenvase): Huysum 94037, Gogh 94036, Manet 94038, Fantin-Latour 94039, Thoma 94383;
- Stilleben (mit Tisch): Beyeren 94132, Cézanne 94709, Braque 94723;
- Portrait (Profil): Pollaiuolo 94354, Holbein d.J. 94123, Rouault 94127, Plakat 94473 („Zeichnet Kriegsanleihe"), Plakat 94494 („1.Mai 1973");
- Portrait (mit Händen): Clouet 94738, Hillard 94696, Rousseau 94453, Beckmann 94701, Plakat 94484 (W.Brandt);
- Portrait (mit Kopfbedeckung): Weyden 94353, Holbein d.J. 94389, Caravaggio 94705, Rembrandt 94750, Hogarth 94698, Jawlensky 94078, Plakat 94483 (K.Adenauer).

4. Unterrichtsschritt

In welcher Folge die von Schmalenbach angesprochenen und von Baumeister benannten ‚künstlerischen Mittel' angegangen werden, ist nicht zu entscheiden, da jedes mit jedem auf eigentümliche Weise zusammenhängt und nicht isoliert gesehen werden kann (Form entsteht durch Farbe, sie hat in sich Helligkeits- und Raumwerte usw., vgl. auch Baumeister, Text 14–18). Im allgemeinen läßt sich aber beobachten, daß sich der Laie für die Gegenstände des Bildes interessiert und sich von der Farbe beeindrucken läßt. Ein solches Erleben ist meist der erste, unbewußte Übergang von einer gegenständlichen zu einer formal-inhaltlichen Betrachtung der Bildwerke. Daher soll dieser Weg auch hier beschritten werden.
Es ist aber ebenso möglich, mit dem Kapitel ‚Form und Farbe' der folgenden Doppelstunde zu beginnen.
Ein anderer Einstieg empfiehlt sich nicht, weil Helligkeits-, Körper- und Raumwerte

aus Farbe und Form gebildet werden und nicht umgekehrt.
Außer dem ersten grundlegenden Text von Baumeister sind die folgenden als Angebot zu verstehen, das je nach Interesse und Zeit genutzt oder eingeschränkt werden kann.
In diesem Unterricht könnte am Anfang die Betrachtung von drei farbig sehr unterschiedlich aufgefaßten Bildern stehen. Hier wird der Vergleich der Farbtafeln Friedrich „Mönch am Meer", Picasso „Guernica" und Kirchner „Rote Akte" vorgeschlagen. Die Bilder sollen in der genannten Reihenfolge miteinander verglichen werden, damit im Verlauf der Beschreibung eine mögliche Ordnung von unbunt zu buntfarben entdeckt wird. Es kann aber auch ausgehend von dem Werk mit wenigen, sehr differenziert verwendeten Farbtönen (Picasso) hin zu jenem mit vielen mehr gegensätzlichen Farbtönen (Kirchner) gearbeitet werden.
An der Tafel werden in eine Rubrik mit drei Spalten (Picasso/Friedrich/Kirchner) Nennungen der Schüler eingetragen, die der Unterscheidung der Farbauffassung dieser drei Künstler dienlich sind (vgl. Tafelanschrieb, Stundenblatt). Die Schüler erkennen, daß die Bilder als farbige Einheit aufgefaßt werden müssen und die Farbauswahl nicht zufällig gewählt sein kann (Begriff der ‚Bildfarbigkeit' einführen!). Nun können auch Beziehungen zu der jeweiligen stofflichen Thematik hergestellt werden, und es kann über die Aufgabenstellung des Künstlers (Leitgedanke der Realisation) und dessen Lösung nachgedacht werden.
Die Schüler sollen erfahren, daß allein schon die Beschäftigung mit den Inhalt-Farbe-Beziehungen zu interpretatorischen Ansätzen führen kann. Die Farbauswahl und -verknüpfung ist eines von vielen Mitteln des Künstlers, seinen Leitgedanken zu veranschaulichen.

5. Unterrichtsschritt

Im folgenden Unterrichtsschritt geht es um die Frage, ob die jeweils getroffene Auswahl von Farbtönen (Rot, Grün, Ocker, Grau etc.) und deren Zusammenstellung auf der Fläche die einzigen Möglichkeiten des Künstlers sind, Farbe als Mittel der Bildaussage einzusetzen. Hierzu wird Text 14 von Baumeister bearbeitet.
Baumeister spricht von sieben ‚Farbwerten', die an der Tafel aufgelistet und mit den heute gebräuchlichen wissenschaftstheoretischen Begriffen versehen werden sollen (vgl. Tafelanschrieb, Stundenblatt). Stört der Begriff ‚Wert' kann er ohne weiteres durch den allgemeinen Begriff der ‚Qualität' ersetzt werden.
Schon aus diesen sieben Farbwerten (Farbqualitäten) ließe sich eine Unzahl von Malaufgaben entwickeln: Man fordert die Schüler z. B. auf, die gleiche stoffliche Thematik unter Bevorzugung eines Farbwerts (z. B. Hell-Dunkel oder Warm-Kalt) zu bearbeiten. Auch eine andere Kombination ist denkbar. Dabei läßt sich keiner der Farbwerte isolieren, d. h. ohne Bezug zu anderen bildnerischen Mitteln darstellen. Es ist nur möglich, bestimmte Beziehungen zu betonen und dadurch hervorzuheben. So weisen die im Werk hervorstechenden künstlerischen Mittel dem Interpreten eine Richtung, die in den Umkreis des jeweiligen künstlerischen Leitgedankens führt. Diese Einsicht läßt sich durch einen Bildvergleich (Vasarely „Tridem-K" / Nay „Scheiben und Halbscheiben") und die Bearbeitung der Texte 15, 16 und 17 vielfältig belegen.
Beim Vergleich der Bilder von Vasarely und Nay wird die Beziehung zwischen Form und Farbe auf den ersten Blick deutlich: hier die genau begrenzten Farbflächenformen, die – systematisch kombiniert („Logik der Kunstwelt", s. Baumeister) – wie Farb*körper* aussehen; dort offener, fleckhafter Farbauftrag, dessen Formung den Eindruck erweckt, als

seien die Farbscheiben*flächen* gerade erst im Entstehen und im Begriff, sich in einer Hierarchie von Figur und Grund (Scheiben und Halbscheiben/dunkle, unregelmäßig sich ausbreitende, an die Scheibengrenzen stoßende Farbflecken) anzuordnen. Dadurch klingt auch das Motiv des Entstehens einer Bildtiefe an (lineare Pinselschwünge beachten!).

Auf dieses Bildpaar läßt sich der Text 15 von Baumeister beziehen, in dem die „Vorstellungen von Dichtigkeit, Griffigkeit oder von Körperlosigkeit" angesprochen werden. Selbst in der Schwarz-Weiß-Abbildung ist noch ersichtlich, daß Vasarely eine geringe Dichtigkeit, aber hohe Transparenz, Nay hingegen eine duffe Materialität der Farbe entstehen läßt. Hieran lernen die Schüler, daß man Ausdruckswerte nicht durch Formen oder Gegenstände allein vermitteln muß, sondern daß diese schon im künstlerischen Material selbst enthalten sind und unterschiedliche Wirkungen beim Betrachter hervorrufen können.

In Text 17 spricht Baumeister die Helligkeitswerte der Farbe an. Er versucht, die im Licht- und Körperfarbenbereich bekannte Tatsache zu fassen, daß Farben an sich schon unterschiedliche Helligkeitswerte aufweisen, z.B. Gelb viele, Blau weniger („... so existiert auch die Farbe nicht ohne Hell-Dunkel..."). Aber Helligkeitswerte von Farben lassen sich auch durch Beimischen von Schwarz oder Weiß verändern („... Durchdringung ... mit einer Hell-Dunkel-Skala..."). Vergleicht man daraufhin Kirchners Bilder „Rote Akte" und „Friedrichstraße", wird unmittelbar anschaulich, was Baumeister mit einer „überaktiven Spannung" im Buntbereich und einer „Totalität" im Hell-Dunkel meint (vgl. auch Vermeer „Der Maler und sein Modell", Farbton und Helligkeitswerte gehen eine kaum zu trennende Symbiose ein, die eine – realistisch anmutende – ‚Totalität der Erscheinung' begründet).

In Text 16 macht Baumeister klar, daß die Realisation einer Bildgestalt etwas grundsätzlich anderes ist als die Kopie der in der Wirklichkeit angetroffenen Farben und Formen. Es kommt im Bild nicht darauf an, Farb- und Formbeziehungen der Wirklichkeit ganz identisch zu übernehmen (Irrtum aller schlechten naturalistischen Maler), sondern darauf, parallel zur Naturwirklichkeit mit den ureigensten Mitteln der Malerei (Farben-, Flächen-, Formbeziehungen) eine Bildwirklichkeit aufzubauen. Die Kunst des Malens liegt – das will Baumeister verdeutlichen – nicht im Erfassen der farbigen Erscheinung, sondern im Erfinden von Umsetzungsstrategien. Es muß mittels Farbsubstanzen dasjenige zur Anschauung gebracht werden, was jeder diffus wahrnimmt, aber nicht bewußt zu sehen vermag, weil ihm die Fähigkeit abgeht, gestaltauffassend Neues zu bilden (vgl.: 1. Wurzel des Künstlerischen). Die Schüler sollen erkennen, daß Farbbeziehungen eines der autonomen künstlerischen Mittel sind und nicht dem Abbilden von Wirklichkeit dienen, sondern Bildwirklichkeiten immer von neuem konstituieren.

In Text 18 geht Baumeister auf den irrigen Glauben unserer wissenschaftsorientierten Zeit ein, daß die Kenntnis farbtheoretischer Grundsätze das künstlerische Tun begründen helfen. Er stellt fest, was alle Farbtheoretiker auch heute noch bestätigen, daß sich die Farbwerte und -wirkungen (‚Harmonie') nicht in einem System (Farbkreis, Farbkugel, Farbhyperboloid u.a.) erfassen lassen. Gegenüber allen naturwissenschaftlichen Ansätzen der Quantifizierung von Farbeigenschaften (z.B. Wellenfrequenz und -amplitude im Lichtfarbenbereich, Remissions- und Transmissionsmessungen im Körperfarbenbereich) bleibt die Wirkung eines farbigen Bildwerks immer ein originäres Erlebnis von eigenständiger Qualität („... so daß vieles Mitwirkende nicht erfaßt wird...").

Die Schüler sollen erkennen, daß der Künstler (und nicht nur er!) Mittel in der Hand hat, sein künstlerisches Anliegen durch konkretes bildnerisches Material zu veranschaulichen. Diese kann der Schüler durch selbständige Gestaltungsversuche nachvollziehen.

6. Unterrichtsschritt

Aufgabenvorschläge in Stichworten:

- Die sieben Farbqualitäten im einzelnen ausarbeiten und die Wirkung auf die Betrachter feststellen;
- die Abhängigkeit der Farbe von der Form erproben und in gegenstandslosen Bildern im Sinne von Bildreihen entwickeln. Wirkungen im Vergleich überprüfen;
- eine stoffliche Thematik mit je unterschiedlichen Mitteln der Farbgestaltung bearbeiten:
  buntfarbige Bearbeitung / trübfarbige Bearbeitung / unbunte (grauwertige) Bearbeitung der gleichen Thematik. Wirkungen, die in Gruppenarbeit untersucht und schriftlich festgehalten werden, überprüfen und ausarbeiten;
- Darstellung von Helligkeit durch Valeur / durch Beimischung von Schwarz und Weiß zur Gegenstandsfarbe; Ausdruckswerte vergleichen und zu beschreiben versuchen;
- Körperlichkeit durch systematische Anordnung von Valeurfarbflächen / durch Vermischung einer oder mehrerer Farben mit Schwarz-Weiß-Beimischung;
- Räumlichkeit durch die stufenmäßig geordnete Abfolge von Hell nach Dunkel / Dunkel nach Hell / Warm nach Kalt / Intensivfarben nach Getrübtfarben erreichen. Jeweilige Wirkung (Stimmungswerte!) überprüfen und zu benennen versuchen;
- Nennen von Bezeichnungen für Stimmungs- und Ausdruckswerte (z. B. traurig, fröhlich, dumpf, erregt ...), Wahl des Schülers für die bildnerische Realisation, Zuordnung der Arbeiten zu den Begriffen durch die Gruppe (nur gegenstandslos arbeiten!);
- gegenständliche Ereignisse von hoher Farbqualität (Regenbogen, Farbleuchten, Blitz, grelle Beleuchtung) in die Farbrealität des Bildes umsetzen. Qualitätsvergleiche anstellen;
- unterschiedliche Interpretationsansätze durch Schildern der Gegenstandsfarben, Erscheinungsfarbigkeit und Symbolfarbwahl provozieren...

An Vergleichsbeispielen bieten sich aus der Klett-Galerie an:

- Gegenstandsfarbigkeit (Lokalfarbe) / Erscheinungsfarbigkeit (atmosphärisch beeinflußte Farbe); Eigenwertigkeit der Farbe:
  Rousseau 94041 / Friedrich 94385 / Kirchner 94415;
- Hell-Dunkel: Valeur / Hell-Dunkel durch Schwarz-Weiß-Beimischung:
  Renoir 94446 / Anker 94306; Vinci 94695 / Gogh 94413;
- Hell-Dunkel flächig aufgefaßt / Hell-Dunkel räumlich aufgefaßt:
  Kirchner 94188 / Klee 94686 / Koch 94049;
- Raumdarstellung durch Warm-Kalt / Intensiv-Getrübt:
  Monet 94363 / Seurat 94097;
- Kontrastierende Farbigkeit / Harmonisierende Farbigkeit:
  Currier & Ives 94013 / Gauguin 94182;
- Buntfarbigkeit / Getrübte Farbigkeit / Unbunte Farbigkeit:
  Matisse 94084 / Mondrian 94087 / Moore 94745.

4. Doppelstunde: Formbeziehungen von Linien, Flächen und Hell-Dunkel

Teilziele

- Die Schüler sollen erkennen, daß Form und Farbe in einer unauflöslichen Beziehung zueinander stehen.
- Die Schüler sollen erkennen, daß auch die einfachsten Formen (z.B. Punkte, Farbspuren, Linien, Farbflecken) Beziehungen aufbauen und Ausdrucksmöglichkeiten in sich tragen.
- Die Schüler sollen unterschiedliche Wirkungen von Formbeziehungen nennen und sie durch Formkombinationen bildnerisch praktisch herstellen können.
- Die Schüler sollen verschiedene Einsatzmöglichkeiten des Hell-Dunkels nennen können und bildnerisch praktisch erproben.

Materialien

Reproduktionen von:

- Vincent van Gogh (1853–1890): Landschaft mit Figuren, Öl, 50 × 65,5 cm, 1890, Boston, Museum of Fine Arts (S. 6)
- Georges de la Tour (1593–1652): Der hl. Joseph als Zimmermann, Öl, 137 × 101 cm, um 1645, Paris, Louvre (S. 7)
- Hans Arp (geb. 1887): Configuration, Öl, 116 × 146 cm, 1927/28, Basel, Kunstmuseum (S. 7)
- Piet Mondrian (1872–1944): Komposition Nr. 2, Öl, 101 × 99 cm, 1921, Zürich, Kunsthaus (S. 7)
- Pablo Picasso (1881–1973): Sitzendes junges Mädchen, Öl, 132 × 91 cm, 1921, Prag, Národni Galerie (S. 7)
- Eduard Munch (1863–1944): Das Geschrei, Lithografie, 51 × 40 cm, 1893, Oslo, Munch-Museum (S. 6)
- Perspektivischer Riß aus: Perspectiva Practica, Augsburg 1710, S. 134 (S. 6)
- Victor Vasarely: Tridem-K (s. o.) (S. 5)
- E. Wilhelm Nay: Scheiben und Halbscheiben (s. o.) (S. 5)

(je nach örtlichem Bestand und Interessenschwerpunkten zu ergänzen oder zu verändern.)

Textauszüge aus:

- W. Baumeister: Das Unbekannte in der Kunst. Köln 1960, S. 59, 60, 61, 62/63, 64 (Texte 19, 20, 21, 22, 23, 25)
- H. Sedlmayr: Das Licht in seinen künstlerischen Manifestationen (1960). Mittenwald 1978, S. 18, Abschnitt II, 5 (Text 24)

Zeichenblock DIN A3 / A2, Bleistift, Pittkreide, Borstenpinsel, Deckfarben.

Bezugsliteratur

- J. Itten: Mein Vorkurs am Bauhaus. Gestaltungs- und Formlehre. Ravensburg 1963;
- P. Klee: Das bildnerische Denken. Hrsg. v. J. Spillner, Stuttgart, 2. Aufl. 1964;
- W. Kandinsky: Punkt und Linie zu Fläche 1926. Bern, 4. Aufl. 1959;
- G. Gollwitzer: Kunst als Zeichen. München 1959;
- W. Schöne: Über das Licht in der Malerei. Berlin 1954.

In dieser Stunde kommt es darauf an, den Schülern zu verdeutlichen, daß nicht nur die Farben, sondern auch die Formen und ihre Beziehungen untereinander erheblichen Anteil an der Aussage des Bildwerks haben.

Verlaufsskizze

1. Unterrichtsschritt

Ein überleitender Einstieg zu den Linien-Flächen- und Hell-Dunkel-Beziehungen ergibt sich am besten durch die nochmalige vergleichende Betrachtung der Bildbeispiele Nay/Vasarely aus der vorigen Stunde, die nun mit Text 19 von Baumeister in Zusammenhang gebracht werden. Der Text betont noch einmal die schon bekannte Tatsache, daß Farbe und Flächenform untrennbar miteinander verbunden sind. Nur die Fragerichtung hat sich jetzt verändert. Stand in der vorigen Doppelstunde die Farbe im Vordergrund, so sollen jetzt die Formen im Blickpunkt stehen. Man kann vier Typen von Farbflächenformen antreffen: punktartige Tupfer, Linien, Flecken (Nay) und Flächen (Vasarely). Alle Mischformen dieser Typen sind denkbar, und sämtliche Typen sind in der Geschichte der Malerei auffindbar. Sie dienten häufig bestimmten Zeiten und Künstlergruppen zur Fundierung ihrer Aussageabsichten (z. B. Pointillisten [Punktmanier], Impressionisten [auch Fleckmanier], frühgotische Maler [Flächenmanier]).
Die Schüler sollen durch Vergleichen erkennen, daß Farbe und Form miteinander untrennbar verbunden sind und die Farbflächenform als spezifisches Ausdrucksmittel eingesetzt werden kann.
Es gab Zeiten, die mehr auf die Farbbeziehungen geachtet haben (Impressionisten und Cézanne [Klett 94718/94065]), und solche, die sich der Form verschrieben und die Farbe als Zusatz betrachteten (Klassizisten, z. B. David [Klett 94442]). Schließlich gab es auch Maler, die die Verbindung von Form und Farbe als ein Problem der Gleichwertigkeit im Ausdruck gesehen haben (z. B. Runge und van Gogh [Klett 94699]).
Wer diese sehr tiefgreifende Problematik nicht nur als Überleitung zu den Formfragen benutzen will, läßt am besten Text 19 lesen und stellt eine entsprechende Auswahl von Bildern bereit, die nun betrachtet werden (z. B. Seurat [94028], Cézanne [94718], van Gogh [94742], Baumgartl [94032]).
Alle sachbezogenen Urteile werden in eine Rubrik an der Tafel eingetragen (s. Tafelanschrieb, Stundenblatt) und daraufhin untersucht, auf welche Weise Farbformen an der Aussage des Bildes beteiligt sind.

2. Unterrichtsschritt

Die Farblinie oder Farbspur van Goghs verweist schließlich auf eine Aussageproblematik, die in Text 19 und 20 angesprochen wird. In diesem Unterrichtsschritt wird zuerst auf die Abbildung von van Gogh „Landschaft mit Figuren“ (im Schülerarbeitsheft) hingewiesen und dazu Text 19 in Beziehung gesetzt. Mittels Linien (Farbspuren) lassen sich bei systematischer Verwendung Farbflächen herstellen, in denen der Liniencharakter noch erhalten bleibt, wie dieses auf dem Bild von van Gogh zu sehen ist.
Da nun aber Linien Richtungen angeben und diese wiederum im Wahrnehmungsraum des Menschen von besonderer, psychologisch begründeter Wertigkeit sind (z. B. senkrecht: aktiv, stehend, statisch; waagerecht: passiv, liegend, ruhend), lassen sich allein durch die Linienrichtungen des Farbauftrags Ausdruckswerte herstellen und interpretatorisch auswerten. Die Schüler müßten zu der Einsicht geführt werden, daß es nicht nur psychologische Ausdruckswerte der Farben, sondern auch der Formen, vor allem am Beispiel der Linie erkennbar, gibt.
Nun wird die Aufmerksamkeit der Schüler auf die Abbildung von E. Munch „Das Geschrei“ gelenkt. Hier muß das weite Gebiet der Ausdrucksmöglichkeiten der Linie (welches auch für die Flächenform gilt) erarbeitet werden. Erkennbar zu machen ist vor allem, daß die kaum gegenstandsgebundenen Linien (schwingende Linien in Himmel und Landschaft, schräge auf dem Steg, senk-

rechte im Landschaftsvordergrund) überhaupt erst einen interpretatorischen Zugang zu diesem Blatt eröffnen. Auch der zweite Teil dieses Textes läßt sich auf die Graphik von Munch anwenden: So sehr die Linien des Landungsstegs als schwarze Figuren auf weißem Grund wirken, so wenig ist allerdings z. B. im Himmel auszumachen, was nun tatsächlich gemeint ist: Geht es um die schwarzen Linien oder die sich durch sie bildenden weißen Bänder? Figur und Grund werden austauschbar, die positive (schwarze) Linienform erzeugt eine (nicht minder positiv wirkende) Flächengegenform. Beide sind sie Ausdrucksträger, gleichwertig nebeneinandergestellt. An die hier angesprochenen Figur-Grund-Probleme und Inversionserscheinungen lassen sich eine Fülle praktischer Aufgaben anschließen, die dem Schüler das Beziehungsgeflecht von Linie, Fläche, Farbe und Bildgrund verdeutlichen können (siehe Aufgabenvorschläge).

Ähnliches wie für die Ausdruckswerte der Linienformen gilt auch für die Flächenformen. Auf sie kann durch einen Bildvergleich Mondrian („Komposition Nr. 2") – Arp („Configuration") hingearbeitet werden. Text 23 von W. Baumeister kann dazu helfen, die bewußte Formwahl, die entsprechende Ausdruckswerte bedingt, zu erkennen und zu verallgemeinern (vgl. Tafelanschrieb, Stundenblatt).

3. Unterrichtsschritt

Erst wenn die psychologische Wirkung von Linien- und Flächenformen erprobt und ihre vom Gegenstandsbezug unabhängige Funktion als Aussageträger erkannt ist, kann voll ermessen werden, was Baumeister in Text 22 meint: Das der Gegenstandsverdeutlichung dienende Liniengefüge steht im Gegensatz zu den autonom wirkenden Ausdruckslinien der Graphik Munchs.

Es muß dem Schüler nun an Hand der Graphik „Perspectiva" deutlich werden, daß die systematische Verknüpfung von Linien zu einer perspektivisch konstruierten Raumillusion die unmittelbare psychologische Wirkung der Linienformen und -richtungen schmälert, sie aber nicht vollständig unwirksam werden läßt (vgl. senkrechte, waagerechte Schraffuren, auch flächenbildende ‚strenge' Strichlagen der gebauten Architektur gegenüber den ‚wuchernd-amorphen' Strichlagen im Hintergrund als Ausdrucksgehalt der Natur!). Auch hier lassen sich mannigfache praktische Aufgaben anschließen.

4. Unterrichtsschritt

Text 24 stammt von dem österreichischen Kunsthistoriker Hans Sedlmayr (geb. 1886). Er studierte zunächst Architektur, um später zur Kunstgeschichte überzuwechseln. Sein Lehrer Max Dvorák („Kunstgeschichte als Geistesgeschichte") beeinflußte seine wissenschaftlichen Forschungen, die er in Wien und München betrieb. Er schrieb Abhandlungen über die österreichische Barockarchitektur, die Entstehung der gotischen Kathedrale, äußerte sich kritisch in „Verlust der Mitte" zur modernen Kunst und erarbeitete eine neue, inzwischen allgemein anerkannte Methode (Strukturanalyse) der kunstgeschichtlichen Einzelwerkforschung.

In dem hier ausgewählten Text wird eine Fülle von Farbform-Beziehungen im Hell-Dunkel-Bereich angesprochen, deren Ursprung schon im ‚Valeur' der Farbe liegt und durch Zusatz der Farben Weiß und Schwarz erweitert wird. Sedlmayr führt hier die Darstellung aller Lichteinwirkungen auf die Helligkeitswerte der Farben und ihre Vermischung mit Schwarz oder Weiß zurück. Während er sehr unterschiedliche Ausdrucksbereiche nennt, in denen die Hell-Dunkel-Beziehungen verwendet werden, sollen hier nur zwei besonders hervorgehoben werden. In Picassos Bild „Sitzendes junges Mädchen" (Klett 94093) wird die formbildende und

formausdrückende Verwendung von Hell-Dunkel-Werten deutlich. Das Vorhandensein von Helligkeitsunterschieden ist zwar ohne das Vorhandensein von Licht nicht vorstellbar, jedoch verzichtet der Künstler auf die Darstellung von Schlagschatten und anderen Wirkungen des Lichts. Er zeigt nur Interesse an der Verdeutlichung von Körperformen durch das Licht und führt es an den Formen entlang – es handelt sich hier also um eine Aussage über die Formbeschaffenheit der Figuren, nicht um die räumlichen Wirkungen des Lichtes! Eine Fotoreihe mit wanderndem Licht oder ein Diaprojektor, der Körper anstrahlt, kann dieses Interesse des Künstlers auch praktisch verdeutlichen.
Ganz anders ist das Hell-Dunkel im Bild von George de la Tour „Der heilige Joseph als Zimmermann" organisiert. Hier interessiert nicht die Formbeschaffenheit der Körper, sondern die Licht-Schatten-Wirkungen einer punktuellen Lichtquelle auf Körpern und im Raum. Die Körperformen verschwinden geradewegs zugunsten großer Licht-Schatten-Partien, die sich von einem Zentrum aus abflachend über das Bild verbreiten und dem Bild ganz eigentümliche, mehr atmosphärische als plastisch-körperhafte Stimmungs- und Aussagewerte geben.
Die anderen Lichtdarstellungsmotive, die Sedlmayr im Text nennt, sind in der europäischen Malerei leicht aufzufinden, doch würde dies in diesem Zusammenhang zu weit führen. Hier sollen die Schüler lediglich erkennen, daß der unterschiedliche formale Einsatz von Helligkeitswerten zu ganz verschiedenen Aussagen führen kann, ohne daß sich an der stofflichen Thematik des Bildes (figürliche Darstellungen) etwas zu ändern brauchte.
Es wäre eine reizvolle Aufgabe, Picassos Formschilderung in eine Beleuchtungsschilderung umzuinterpretieren und den Beleuchtungseffekt bei G. de la Tour in eine Formschilderung der Figurengruppe umzuwandeln! Dadurch würde erneut einsichtig, daß Form und Inhalt untrennbare Aspekte jeder bildlichen Gestaltung eines Stoffes sind.

5. Unterrichtsschritt / Hausaufgabe

Text 25 faßt alle Erkenntnisse dieses Unterrichtsabschnittes noch einmal zusammen. Er kann auch in einem Test Verwendung finden. Die Schüler würden dann aufgefordert werden, zu den Behauptungen Baumeisters Stellung zu nehmen oder entsprechendes Bildmaterial im Hinblick auf diesen Text analysierend zu überprüfen.

Aufgabenvorschläge in Stichworten:

Ziel: Erkennen unterschiedlicher Wirkungen von Farbflächen
Erproben unterschiedlicher Farbflächen (getupft, fleckhaft, linienartig, flächig) in gleichen Farbtonbereichen. Durch die Gruppe schriftlich beurteilen lassen.

Ziel: Erkennen unterschiedlicher Wirkungen bei Verändern der Farbflächenform
Ein Farbton wird in unterschiedliche Flächenformen eingetragen (Kreis, Dreieck, Rechteck, Quadrat etc.) und Wirkungen beurteilt. Es werden Kompositionen mit je einer in Größe und Farbton leicht variierenden Flächenform angefertigt und beurteilt (Kreisscheibenbilder Nays!).

Ziel: Unterschiedliche Richtungen von Linien als Grund für unterscheidbare Aussagen erkennen
Mit Pitt-Kreide werden (auch nach Musik) Linienfiguren gezeichnet und ausgedeutet.
Mit Pitt-Kreide werden Liniensysteme (senkrechte, waagerechte, schräge, in vielerlei Weise gekrümmte) in Formate eingezeichnet und die Wirkungen verglichen.
Bei der Darstellung von Gegenständen werden diese durch flächenfüllende Linien in jeweils unterschiedlicher Richtung einmal in

dieser, das andere Mal in einer anderen Richtung erfaßt und interpretiert.
Es werden abstrakte, gefühls- und stimmungsumschreibende Begriffe genannt (z. B. Traurigkeit, Aggressivität, Aufrichtigkeit), die allein durch Einsatz von Linienzügen charakterisiert und von der Gruppe gedeutet werden.
Es werden Zuständlichkeiten von Gegenständen und Personen genannt (z. B. bewegt, ruhig, hingelagert, schwer etc.), durch Linienzüge charakterisiert und von der Gruppe gedeutet. Die aus den gegenstandslosen Bildreihen gewonnenen Erkenntnisse werden auf Gegenstandsdarstellungen angewendet: eine traurige stehende Figur, eine stolz stehende Figur, eine bewegte, ruhige, gelagerte erregte Figur!

Ziel: Die Wechselbeziehungen zwischen Figur und Grund als Möglichkeit der Aussagebestimmung erkennen
Gezeichnete Figurenflächen (z. B. Schattenriß von Kopfprofilen) so auf ein bestimmtes Format setzen, daß eindeutig Figur auf Grund steht – Gemeintes sich von Ungemeintem absetzt. Das gleiche mit gegenüberliegenden Profilen erarbeiten, so daß plötzlich eine Vasenform aus dem Grund wird. Die Gleichordnung von Figur und Grund macht unentscheidbar, ob Vase oder zwei Köpfe gemeint sind!
Schachbrettanordnungen durch Schwingen der Begrenzungslinien zu ausdrucksträchtigen Flächeninterpretationen von ganz unterschiedlichen Gehalten bringen.
Positive, bewegt-kurvig begrenzte Flächenform inmitten eines begrenzten weißen Grundes einmal als ‚Loch' in der Weißfläche interpretieren, das andere Mal als schwarze Fläche ‚auf der Weißfläche liegend' interpretieren.
Danach den Auftrag geben, die jeweilige Möglichkeit durch Wahl geeigneter bildnerischer Mittel wirklich festzulegen. Einen plastisch geformten Gegenstand (Vase, Feuerstein etc.) einmal mit dem Ziel der Formerfassung, das andere Mal unter angenommenen unterschiedlichen Beleuchtungseinwirkungen außerhalb und innerhalb des Bildes darstellen, schließlich die Durchsichtigkeit (Glas) zu erreichen versuchen. Über den jeweils unterschiedlichen systematischen Einsatz der immer gleichen Hell-Dunkel-Mittel sprechen!
Veränderung der Aussage über einen Gegenstand durch Lichtwechsel in einer Fotoreihe, die vom flächigen Darstellen bis zur geheimnisvollen Beleuchtung des Gegenstandes reichen kann.

5. Doppelstunde: Gestaltungsaspekte von Körper, Raum, Entfernung, Komposition und Dekomposition

Teilziele

- Die Schüler sollen erfassen lernen, wie das Phänomen der Dreidimensionalität von Körper- und Raumgegebenheiten in Flächenbeziehungen bei Bildern zur Darstellung gelangt.
- Die Schüler sollen Körper, Raum und Entfernung als Gestaltungsproblem erkennen, unterschiedliche Lösungsmöglichkeiten an Bildwerken erläutern können und selbst Lösungen bildnerisch praktisch erproben.
- Die Schüler sollen den Unterschied zwischen dem Auffassen von Gegebenheiten der Wirklichkeit und dem im Bildwerk Hervorgebrachten erläutern können.
- Die Schüler sollen in bildnerisch praktischer Arbeit eine beliebige Vielfalt von Stoffen bzw. von Gegenständen zu unterschiedlichen kompositionellen Einheiten ordnen und die gefundenen Lösungen erläutern können.

Materialien

Reproduktionen von:

- Dreiteiliger Altaraufsatz, westfälisch, Tempera auf Eichenholz, 71 × 120 cm, um 1260, Berlin, Gemäldegalerie Dahlem (S. 8)
- Pietro Perugino (1448–1523): Christus übergibt Petrus die Schlüsselgewalt, 1483, Fresko, Rom, Sixtinische Kapelle, Wandbildzyklus (S. 8)
- Meindert Hobbema (1638–1709): Allee von Middelharnis, Öl auf Leinwand, 103,5 × 141 cm, 1689, London, National Gallery (S. 8)
- Tizian Vercello (1477 oder 1488–1576): Madonna mit den Kirschen, Öl, 81 × 99,5 cm, um 1504, Wien, Kunsthistorisches Museum (S. 9)
- Paul Gauguin (1848–1903): Ta matete (Wir gehen/gehen nicht zum Markt), Öl, 73 × 91,5 cm, Basel, Kunstmuseum (S. 9)
- Andy Warhol (geb. 1928): Marilyn Monroe, Siebdruck, 290 × 208 cm, Privatbesitz USA (S. 9)

Textauszüge aus:

- K. Badt: Die Kunst Cézannes. München 1956, S. 55, 57, 59 (Texte 26–29)
- W. Baumeister: Das Unbekannte in der Kunst. Köln 1960, S. 72, 79, 97/98, 98 (Texte 30–34)

Zeichenblock DIN A 3, Bleistift, Graphitstift, Faserschreiber.

Bezugsliteratur

- H. Jantzen: Über den kunstgeschichtlichen Raumbegriff. Darmstadt 2. Aufl. 1962
- W. A. Bärtschi: Perspektive. Geschichte, Konstruktionsanleitung und Erscheinungsformen in Umwelt und bildender Kunst. Ravensburg 1972
- R. Arnheim: Kunst und Sehen. Berlin 2. überarb. Aufl. 1978.

In dieser Stunde soll den Schülern verdeutlicht werden, daß es neben den künstlerischen Mitteln im einzelnen auch Systeme gibt, die die Gliederung und den Aufbau des gesamten Bildes betreffen. Zu ihnen gehört z. B. die Gestaltung von Körper-, Raum- und Entfernungseindrücken auf der Bildfläche und die Art und Weise der Gruppierung von Bildteilen im Bildganzen, die Komposition. Sie müssen nun dem Schüler als bestimmende Faktoren exemplarisch verdeutlicht werden.
Für die Verwendung der Texte im Schülerarbeitsheft gilt, wie in den vorangegangenen Stunden, daß es sich hier um ein Angebot von Bearbeitungsmöglichkeiten handelt. Dabei ergibt sich allerdings die Schwierigkeit, daß jede Periode der bildenden Kunst ihr eigenes Verhältnis zur Darstellung des Raumes gehabt hat und dementsprechend auch die Kompositionsweisen der Bilder sich änderten. Man kann also entweder auf das Grundsätzliche der Problemstellung eingehen und Text 26, 30 und 31 bearbeiten oder sich auf die Unterscheidung unterschiedlicher Raum- und Anordnungskonzeptionen im Verlauf der Geschichte einlassen. Dies ist mittels der anderen Texte im Schülerarbeitsheft möglich. Auch sie können nur im Groben verdeutlichen, was die Künstler aller Disziplinen fortwährend bei der Anlage ihrer Werke bewegt hat.

Verlaufsskizze

1. Unterrichtsschritt

Um die Vielfalt anzudeuten, an der auch die jeweilige Individualität des Künstlers Anteil hat, wird mit den Schülern zunächst das Problem praktisch bearbeitet. Der Lehrer stellt die Aufgabe, eine Arbeit anzufertigen, in der Körper, Raum und Entfernung durch Gegenstände auf irgendeine Weise verbildlicht werden. Hierbei ist es möglich, sich an das Auffassen der unmittelbaren Umgebung (Klassenraum / Schulflur / Fensterausblick) oder auch an eigene Einfälle zu halten. Aus Zeitgründen sollte nur eine skizzenhafte Zeichnung gefordert werden.

Wer jedoch mehr Zeit investieren kann, mag alle vom Schüler gewünschten Verwirklichungstechniken frei geben.

Wem beides zu zeitaufwendig erscheint, kann auch gleich an die Lektüre des Textes von K. Badt (siehe 2. Unterrichtsschritt) gehen und die drei dazu ausgewählten Bilder betrachten lassen.

2. Unterrichtsschritt

In diesem Unterrichtsschritt wird Text 26 von K. Badt gelesen.

Kurt Badt (1890–1973) war Kunstwissenschaftler und studierte Kunstgeschichte, Geschichte und Philosophie. Er blieb frei forschender Gelehrter, der auch selbst bildnerisch und musikalisch tätig war. So vorgebildet ließ er in seinen wissenschaftlichen Studien das Werk selbst nie aus den Augen. Er untersuchte künstlerische und musikalische Probleme mit besonders dem philosophischen Denken verpflichteter Methode. Sein Hauptwerk widmete er der Kunst Cézannes. Er wurde zum Gegenspieler Sedlmayrs, der eine mehr ikonologische, aus den Quellen und dem historischen Umraum abgeleitete Interpretationsmethode vorzog.

Nach einer kurzen Lesepause wird mit den Schülern über die zwei gegensätzlichen Aspekte im Text ein möglichst offenes Gespräch geführt.

Es müßte zur Sprache kommen, daß Badt im ersten Absatz erläutert, was jeder erfahren kann – die wahrnehmungspsychologischen Tatsachen. Sie beziehen sich auf das Raumsehen des Menschen, das sich hauptsächlich aus der Verarbeitung von Umfeldfaktoren ergibt. Die meisten Raumtäuschungen sind durch die Manipulation des sichtbaren Umfeldes zu erreichen – wovon vor allem Filmemacher zu sagen wissen. Eine weitere Ausführung bezieht sich auf die Unterscheidung von Gegenstands- und Erscheinungsfarbe, die auf Lichtbrechung beruht und im Zusammenhang mit der Schärfe-Unschärfe-Relation im Gehirn als ‚Raumeindruck' verrechnet wird. Ein weiterer Aspekt bezieht sich auf die Akkommodation des Auges und seine Selektionsfähigkeit, die durch das Vorhandensein des ‚Gelben Flecks', der Sehmulde auf der Retina, begünstigt und durch den Sehwinkel begrenzt wird. Alles in allem hebt Badt auf die natürliche Sehleistung unserer Augen ab.

Sie stellt er im zweiten Abschnitt in Beziehung zu dem, was der Künstler, gewissermaßen parallel zu seinen natürlichen Augeneindrücken, auf der Bildfläche zu realisieren versucht. Hier geht es immer um die Auswahl eines dem Künstler und seiner Zeit wichtigen Gestaltungsaspektes. Um die Einheit der Bildaussage zu wahren, kann der Künstler aus den unterschiedlichen und oft auch gegensätzlichen Reaktionen des Auges auf die natürlichen (Reiz-)Gegebenheiten nur einige für die Bildgestaltung auswählen, um dem Betrachter seiner Werke sein Anliegen begreiflich werden zu lassen.

3. Unterrichtsschritt

Ist der Gegensatz des Entstehens von Raumeindrücken durch Raumwahrnehmung in der Natur und dem Realisieren von Raumvorstellungen durch Auswählen von räumlichen Darstellungsmöglichkeiten in der Kunst begriffen, kann nun an die Zuordnung der Schülerarbeiten (s. Unterrichtsschritt 1) und Bildwerke zu den von Badt benannten Darstellungsmöglichkeiten gegangen werden. Hierzu entwickeln die Schüler unter starker

Hilfestellung durch den Lehrer ein Schema, das die Möglichkeiten der Gestaltung von Körper-, Raum- und Entfernungseindrücken überblicksartig zeigt (siehe Tafelanschrieb, Stundenblatt).
Diesem Schema werden dann die von den Schülern angefertigten Skizzen in gemeinsamer Arbeit zugeordnet. Da entsprechend der Entwicklungslage dieser Altersstufe mit einem Interesse an Versachlichung beim Erfassen der Wirklichkeit zu rechnen ist, müssen noch fehlende räumliche Darstellungsmöglichkeiten durch das Betrachten weniger ausgewählter Bilder ergänzt werden. Falls nicht praktisch gearbeitet wurde, wird sogleich nach der schematischen Auflistung mit der Betrachtung und Zuordnung der Bilder begonnen:

Der um 1260 für die Wiesenkirche in Soest gemalte *Altaraufsatz* stellt im Mittelfeld die Hl. Dreifaltigkeit (Gottvater, Taube und Christus), links Maria und rechts Johannes den Evangelisten dar. Das Werk gehört dem sog. Zackenstil an, in dem das Ausdrucksmittel der Linie die Gestalten zu einem Höchstmaß irrationaler Bewegtheit steigerte. Reale Raum-Körper-Erfahrungen sind nicht dargestellt.
Pietro Perugino (um 1445–1523) vollendete 1483 das Fresko *„Christus übergibt Petrus die Schlüsselgewalt“* im Zusammenhang mit der ersten Wandausmalung der Sixtinischen Kapelle. Zur Ausführung kam ein Historienzyklus von zehn Fresken im Auftrage des Papstes Sixtus IV., ausgeführt von verschiedenen Künstlern der damaligen Zeit, wie Botticelli, Ghirlandajo, Signorelli u.a. Das Fresko Peruginos illustriert den Anspruch des Papsttums in der Nachfolge Petri kirchliche Gesetze zu erlassen, Sünder zu richten und Absolution zu geben (Math. 16, 19). Die zwei Schlüssel sind die Embleme des Papsttums geworden. Christus überreicht sie im Bilde dem knienden Petrus. Unter den Hauptfiguren befinden sich Edle aus der Zeit Peruginos und der Zeit davor. Der Tempel Salomons in der Bildmitte wird von zwei Darstellungen des römischen Konstantinbogens flankiert, deren Inschriften den Papst Sixtus IV. als zweiten Salomon und Haupt der Kirche rühmen. Vor dem linken Bogen weist Christus die Pharisäer an, dem Kaiser zu geben, was des Kaisers sei (Steuern), vor dem rechten wird Christus von den Schriftgelehrten und Ältesten nach seiner Vollmacht befragt und mit Steinwurf bedroht. In der Reihe der Sixtina-Wandgemälde ist es das erste, bei dem unterschiedliche Aussageebenen in einer Gesamtkomposition zusammengefaßt sind. Der Lehrer Raffaels bereitet mit diesem raumtiefen Tempelplatz und den agierenden Gruppen von Menschen Raffaels „Schule von Athen“ im Vatikan vor.
M. Hobbema (1638–1709) gelang mit dem Bild *„Die Allee von Middelharnis“* (1689) sein bedeutendstes Werk. Der in der Mittelachse liegende Weg zieht den Betrachter kraftvoll in die Tiefe, die vielfachen Überschneidungen von horizontalen und vertikalen Linien erzeugen eine erregende Spannung, der in der farblichen Ausführung jedes lyrisch versponnene Moment fehlt. Dieser nüchterne Realismus und die Anwendung einer pastosen Malweise, die Spontaneität vermittelt, sind ihrer Zeit weit voraus. Es ist daher nicht verwunderlich, daß gerade die Maler von Barbizon, auch die Impressionisten, Sisley und Pissarro allen voran, Hobbema wieder entdeckten und zu einem ihrer Vorbilder auserwählten.
An den figürlichen Darstellungen auf Goldgrund im architektonischen Rahmen eines Altaraufsatzes läßt sich eine der räumlichen Darstellungsmöglichkeiten erläutern (vgl. Tafelanschrieb, Stundenblatt). Warum diese Art vor allem im Mittelalter gewählt wurde, erklärt der Text 27 von K. Badt. Jede auf den Betrachter bezogene Relativierung der Größen- und Entfernungsverhältnisse ist – wie bei den Glasfensterbildern – unmöglich gemacht. Dem Betrachter sollte dadurch die

unüberbrückbare räumliche und damit auch geistige Entfernung zu den Heiligen spürbar gemacht werden.
Die Darstellung des Raumes durch ein zentralperspektivisches System, wie es Perugino verwendet hat, zeigt die Möglichkeit des Künstlers auf, die Illusion der realen Tiefenräumlichkeit zu vermitteln, indem er unterschiedliche Größen gleicher Gegenstände in Zusammenhang mit einer gesetzmäßigen Verkleinerung darstellt. Außerdem vermag er den Zwischenraum, die Entfernung der einzelnen Gegenstände voneinander, mittels der perspektivischen Verkürzung real gleicher Entfernungsabschnitte (Fliesen!) – über den Teilungspunkt konstruiert – verhältnisgetreu abzubilden. Durch eine horizontale Streifenbildung, die aus dem Beieinander zweier Figurenreihen kompositionell resultiert, werden ‚Vorne' und ‚Hinten' über eine erhebliche Entfernung hinweg (Größenunterschied der Figuren!) miteinander in Beziehung gesetzt – so wie es der Text 28 von Badt als eine Errungenschaft der Renaissancemalerei in Italien beschreibt.
Um diesen Umstand zu verdeutlichen, ließe sich auch denken, daß der Lehrer die Schüler perspektivische Darstellungen von Innen- und Außenarchitektur sammeln und, mittels Ausziehen der Bildparallelen und der Fluchtenden sowie der Rekonstruktion des Teilungspunktes, die Realisierung der neuzeitlichen Raumvorstellung durch perspektivische Konstruktion (Schachtelraum) nacherleben läßt.
Die räumliche Orientierung geht bei Perugino von den Gegenständen und Figuren des Vordergrundes aus und wird erst von dieser imaginären Bezugsebene (Projektionsfläche) nach hinten konstruktiv weiterentwikkelt. Erst dann wird die räumliche Tiefe mit entsprechenden Körpergestalten ausgefüllt.
Dieses Raumdarstellungsschema wird in der aufkommenden Landschaftsmalerei (vgl. z.B. Brueghel d.Ä. „Erntebild", 1565, Klett 94684) kaum und wenn doch mit Schwierigkeiten durchgeführt (Raumsprung des Manierismus). Die Gründe werden von Badt in Text 29 angesprochen. Die von ihm beschriebene erste Lösungsmöglichkeit bei der Gestaltung eines Raumkontinuums wird durch das Bild von M. Hobbema „Allee von Middelharnis" einsichtig.
Hier ist zunächst das gleiche zentralperspektivische Schema angewendet wie bei Perugino. Doch Hobbema setzt nicht Vorne und Hinten fest und füllt in die mittlere Zone Gegenstände und Figuren ein, sondern er thematisiert die gleichförmig sich von vorne (Betrachterstandort) nach hinten (Horizont) fortentwickelnde Tiefe. Im Gegensatz zum Bild von Perugino wird der Betrachter direkt dazu eingeladen, diesem Tiefenzug zu folgen und auf dem vor ihm liegenden Weg in die Ferne zu gehen. Gleichzeitig wird das sich gesetzmäßig perspektivisch verkürzende System der Horizontalen in gleichen Abständen (Fliesenfugen bei Perugino) zugunsten einer lebendigen unregelmäßigen Aufteilung in parallel zum waagrechten Bildrand verlaufenden Zonen (Knicks) eingeteilt, die die beiden rechts und links neben dem Weg verbleibenden Dreiecksflächen des Bildes bis zum Horizont sinnvoll gliedern.
Die von Badt angesprochene zweite Möglichkeit kann auf Grund der Einsicht in das Parallelsystem von Hobbema gut nachvollzogen werden.
Wer auf die Anschauung nicht verzichten will, wähle aus der Klett-Galerie z.B.: C. Lorrain „Landschaft mit der Reise Jakobs", 1677 (94773), C.D. Friedrich „Der einsame Baum", 1823 (94385), C. Monet „Sommer", 1874 (94368), G. Seurat „Seine bei Grand-Jatte", um 1885 (94028).
Inwieweit die von den Schülern gelieferten Skizzen dem einen oder anderen System entsprechen, muß von Fall zu Fall entschieden werden. Es sollten allerdings alle sechs Grundtypen räumlichen Darstellens auf der Fläche (vgl. Tafelanschrieb, Stundenblatt) vorgestellt und besprochen werden. Dieser

Lernschritt kann in gemeinsamer Betrachtung oder in Gruppenarbeit durchgeführt werden. Im letzteren Falle erhielten nach der Besprechung der Schülerarbeiten drei Gruppen je ein Bildbeispiel mit dem dazugehörigen Text und dem Auftrag, mittels Schema, Bild und Text die Art und Weise der Raumdarstellung zu bestimmen.

4. Unterrichtsschritt

In diesem Abschnitt geht es um die Bearbeitung der Frage: Welche Folgerungen ergeben sich für den Aufbau und die Gliederung des Bildes durch die unterschiedlichen Möglichkeiten, Raum, Körper und Entfernung darzustellen?

Es ist vorteilhaft, das Gespräch darüber mit den drei bereits bekannten Bildern (Dreiteiliger Altaraufsatz, Perugino und Hobbema) zu beginnen und dann, im nächsten Unterrichtsschritt, die vier weiteren Bilder (Tizian, Gauguin, Warhol, Hoehme) einzubeziehen und den Bezug zu den im Schülerarbeitsheft abgedruckten Texten von Baumeister herauszustellen.

Mit einem Blick ist erkennbar, daß die drei Bildteile des westfälischen Altaraufsatzes (Gnadenstuhl, Christus, Johannes, um 1260) auch ohne Berücksichtigung der trennenden Architekturrahmungen beziehungslos nebeneinander stehen. Nur durch die symmetrische Anordnung der beiden Außenfiguren zur komplizierteren Dreifaltigkeitsdarstellung wird ein – allerdings mehr äußerlicher – Zusammenhang geschaffen. Auch die Figuren in ihrem jeweils eigenen Bildfeld stehen zur Rahmung unverbunden, als schwebten sie vor dem Goldgrund. Lediglich ein Bezug zur Mittelachse der Architekturrahmung ist vorhanden.

Im Vergleich dazu ist das Fresko des Perugino deutlich in drei Parallelstreifen eingeteilt, der jeder seine besondere Inhaltlichkeit erhalten hat. Die Gruppe der Pharisäer und Schriftgelehrten steht ungefähr in halber Entfernung zwischen der Schlüsselübergabe und dem Tempel Salomon. Sie bilden einen flächig wirkenden Streifen zwischen den Köpfen der Vordergrundfiguren und den Stufen des Tempels. Die Figurenstreifen und Architekturen sind auf der Bildfläche so angeordnet, daß sich Berührungspunkte ergeben, aber keine raumbildenden Überdekkungen. Man muß schon etwas länger hinschauen, um gewahr zu werden, daß der eine der beiden Schlüssel genau auf der Orthogonalen, d.h. der Projektion der Sehachse des Betrachters auf der Bildfläche, angeordnet ist, durch die auf der Bildfläche eine symbolische Verbindung zwischen Erde und Himmel, dem Tempel Salomon (Kirche) und dem Schlüssel zum Himmel (Papsttum) hergestellt wird. Was für ein Reichtum an Bezügen, der allein aus der sinnfälligen Kombination tiefenräumlicher Konstruktion, der Anordnung von Figuren im Raum und den linearflächigen Verbindungen auf der Malebene hergestellt wurde!

Demgegenüber drückt das Bild von Hobbema eher die Gegensätzlichkeit von Himmel und Erde aus und vermag den Tiefenzug durch die Anordnung der Bäume so zu steigern, daß die Ferne und nicht die Nähe zum Thema des Bildes wird.

Nun geht man zu Text 30 von Baumeister über. Es wird leicht verständlich, was er meint, wenn er von der enormen Vielfalt spricht, die sich dem Auge anbietet und die der Künstler (wie der Wissenschaftler) bei der Produktion oder Bildanalysen zu gliedern versucht. Dies gelingt ihm nur durch die Auswahl einiger Komplexe, deren Beziehungen er durch die Anordnung auf der Bildfläche steigert. Durch Beschränkung und Konzentration der Mittel gelangt der Künstler zu Aussagen, die über das bloß stofflich Dargestellte hinaus auf ein Universelles verweisen, dessen Erkenntnis der Sinn jeder Bildanalyse letztlich ist.

5. Unterrichtsschritt

In diesem Arbeitsschritt sollte der Lehrer die Schüler zunächst auffordern, sich über die unterschiedliche Gliederung der drei folgenden Bilder von Tizian „Die Kirschenmadonna“ (1504), P. Gauguin „Ta matete“ (1892) und A. Warhol „Marylin Monroe“ (1962) zu äußern.

Tizian (1477 oder 1488–1576), Hauptvertreter der venezianischen Malschule, komponierte dieses Bild unter dem Eindruck der Errungenschaften der Renaissance-Theoretiker, die ihm durch G. Bellini vermittelt wurden und unter dessen Einfluß das Bild noch gemalt wurde.

Maria und dem Christkind, links, reicht der Johannesknabe, rechts, ein paar Kirschen. Im Hintergrund, Maria links und rechts flankierend, ein Heiliger und Joseph. Die einzelnen Figuren sind in eine das Ganze harmonisch zusammenfassende gleichseitige Dreieckskomposition gestellt, die auch über die vertikale Dreiteilung des Bildes reicht, die an spätgotische Flügelaltäre erinnert. Dieses Prinzip wendet noch Picasso bei seinem Bild „Guernica“ an, um zu einer repräsentativen Bildform zu gelangen! Der Zauber des Bildes liegt in der Irregularität, die durch die Kinder in das Bild gebracht wird. Im freien Spiel der Flächen-, Farb- und Richtungsbeziehungen werden die regulären und irregulären Momente der Komposition ein lebendiges Bildganzes.

Das Bild „Ta matete“ von Paul Gauguin (1848–1903) wird in fast der gesamten kunsthistorischen Literatur mit „Wir gehen zum Markt“ übersetzt. Diese Übersetzung ist nach Forschungen eines meiner Seminare nicht richtig (dieser Titel führt zu keinem vernünftigen Interpretationsansatz). Richtig ist vielmehr: Wir gehen/gehen nicht zum Markt. Es handelt sich nämlich um eine Frühsprache, und das Kennzeichen aller frühen Sprachen (also nicht nur dieser) ist, daß ja und nein, überhaupt alle Gegensätze, nicht sprachlich ausgedrückt, sondern aus der Handlung entnommen werden müssen. Nachforschungen in Wörterbüchern bestätigten tatsächlich, daß der Polynesier sowohl meint ‚Wir gehen zum Markt‘ als auch ‚Wir gehen nicht zum Markt‘, wenn er ‚Ta matete‘ sagt.

Erst durch diesen Titel bekommt das Bild seinen Sinn: Die fünf Mädchen mit Kattungewändern sind einheimische Prostituierte, die unter der damaligen französischen Kolonialherrschaft immer dann zum Markt gingen, wenn ein Schiff angekommen war, um ihre ‚Dienste‘ zu verrichten. Dieses Mal aber bleiben sie auf einer Bank sitzen – sie gehen nicht zum Markt, im Gegensatz zu den beiden Männern im Hintergrund, die einen Fisch nach rechts aus dem Bild tragen, also zum Markt gehen. Und durch die Baumschneise in der Mitte des Bildes kann man auch ein Kriegsschiff als Schattenriß liegen sehen (meist nicht auf den Repros, aber auf dem Original in Basel!). Nur eines der Mädchen, die Stehende rechts, die alte traditionelle Kleidung trägt, ist den alten Landesbräuchen verhaftet und sperrt auch den Weg zum Markt nach rechts optisch ab.

Die Szene ist ganz durchflochten von Horizontalen, die dem Bild einen rhythmisch bewegten, aber streifenartig festgefügten Gesamtaufbau geben. Die Flächigkeit und Wahl der Farben unterstützen den Eindruck des Rhythmischen und fügen ihm etwas empfindungsmäßig wirkendes Naturgesetzliches hinzu.

Andy Warhol (geb. 1930) nimmt die Einmaligkeit der berühmten Filmschauspielerin Marilyn Monroe zum Anlaß, mit ihrem Portrait eine Rasterkomposition zu bilden, in der die Einzigartigkeit – medial vervielfältigt – in dem sich neu bildenden ästhetischen Gesamteindruck aufgeht. Die stereotype Aufzeichnung des Serienbildes, gemischt mit zeitlich-filmischen Effekten der langsamen Verfärbung, bewirken genau das Gegenteil vom klassischen Kompositionsprinzip, das den Hauptgegenstand der Darstellung zur Geltung bringen möchte. Warhol verzichtet auf die Erfindung eines individuellen Sujets und reflektiert durch eine solche rasterartige Kompositionsweise visuell das Prinzip der massenmedialen Vermittlung. Nach Benjamin besitzt sie die Eigenschaft, durch messerscharfe Vervielfältigung auch Besonderes den Massen vermitteln zu können. Allerdings geht durch tausendfache Reproduktion die Einmaligkeit eines Bildes verloren, das Persönliche wird zur gesellschaftlichen Stereotype degradiert.

Alle drei Bilder weisen unterschiedliche Kompositionsprinzipien auf. Wenn Zeit vorhanden ist, sollte der Schüler dazu aufgefordert werden, von den Bildern, die in dieser Stunde gezeigt wurden, Kompositionsskizzen anzufertigen. Dies fördert die Bearbeitung der Texte, die danach erfolgen sollte. (Siehe dazu die Kompositionsskizzen zum Stundenblatt vom Verfasser.)

Text 34 von Baumeister weist auf den Sinn neuzeitlicher Kompositionsweisen hin und zeigt, daß Warhol die Forderung nach Blickpunkten und einem Gesamtakkord im Bild verkehrt hat und sich auf dem Wege zur Dekomposition befindet. Er hält sich nicht mehr an klassisch-neuzeitliche Kompositionsregeln, komponiert aber andererseits noch nicht vollständig absichtslos, wie die amerikanischen Künstler des ‚Informel' und der ‚Minimal Art'. Wer das ‚Ausschalten jeder Absicht' (Text 34 Baumeister) noch zusätzlich thematisieren möchte, sollte zu der Reproduktion einer Skizze des Malers Gerhard Hoehme (geb. 1920) auf Stundenblatt Seite 13 greifen. Hoehme war in den sechziger Jahren ein Hauptvertreter der ‚skriptiven Malerei', der auch die Skizze zuzurechnen ist. Hier ist die Vorliebe für einen Ablauf, die Reihung ohne Brennpunkt, überhaupt das Absichtslose im Zeitablauf einer ‚schreibenden Bewegung' zu spüren.

Um dem Schüler zu verdeutlichen, daß das Verständnis eines Bildes nicht aus den dargestellten Sujets, Stoffen und Gegenständen, sondern vielmehr aus dem Wechselspiel zwischen inhaltlichen und formalen Korrelationen entwickelt werden muß, reichen diese Beispiele voll aus. Sie ließen sich an Hand der abendländischen Geschichte der Kunst beliebig erweitern (mögliche Hausaufgabe, s. Stundenblatt).

Damit wäre das übergeordnete Lernziel dieser drei Doppelstunden erreicht:
Die Schüler sind in Gesichtspunkte der sog. immanenten Werkanalyse eingeführt worden. Ihnen ist ein Verstehen der Werke nahegebracht, das sich aus dem Auffassen der Beziehungen der Teile des Bildes untereinander ergibt. Sie haben gelernt, ein Bild durch das Erfassen des Werkganzen zu begreifen. Wie man zum Erklären der historischen, biographischen, kulturellen und soziologischen Bedingungen kommt, die selbstverständlich auch auf die Bildgestalt eingewirkt haben, muß im folgenden geklärt werden.

6. Doppelstunde: Das Problem der ‚richtigen' Interpretation

Ziel

Die Schüler sollen durch Vergleich zweier Interpretationen erkennen, daß sich Bilder in unterschiedlicher Weise angehen und interpretieren lassen.

Teilziele

– Die Schüler sollen erkennen, daß die Bearbeitung eines Bildes der Erkenntnis und nicht der begrifflichen Reproduktion dessen, was schon abgebildet ist, dient.

- Die Schüler sollen erfahren, daß unterschiedliche Interpretationsansätze keine Willkürakte eigener Phantasie sein können, sondern immer den Bestand des Bildes berücksichtigen müssen.
- Die Schüler sollen erkennen, daß die subjektive Auslegung eines objektiven Bestandes auf normative Grundsätze zurückzuführen ist.

Materialien

Reproduktion von:

- Vermeer van Delft (1632–1675): Die Malkunst, Öl, 120 × 100 cm, um 1666, Wien, Kunsthistorisches Museum (s. Farbtafel)

Textauszüge aus:

- H. Sedlmayr: Jan Vermeer: Der Ruhm der Malkunst. In H. Sedlmayr: Kunst und Wahrheit. Zur Theorie und Methode der Kunstgeschichte, Bd. 71, Hamburg 1958 S. 161–172 (Text 36)
- K. Badt: Modell und Maler von Jan Vermeer. Probleme der Interpretation. Eine Streitschrift gegen Hans Sedlmayr. Köln 1961, S. 79–117 (Text 37)

Bezugsliteratur

- M. J. Friedländer: Die niederländischen Maler des 17. Jahrhunderts. Berlin 1923
- E. G. Grimme: Jan Vermeer van Delft. Köln 1974
- L. Goldscheider: Jan Vermeer van Delft. Gemälde-Gesamtkatalog. Köln 1958
- H. Sedlmayr: Jan Vermeer, De Schilderkonst. Nach Badt, zugleich Replik. Hefte des Kunsthistorischen Seminars der Universität München 1962, S. 34 f.
- W. Hager: Vermeer van Delft. Die Malkunst. Stuttgart 1966.

Aus den vorangegangenen Stunden (3. bis 5. Doppelstunde) kann der Schüler die Einsicht mitgenommen haben, daß es *die* richtige Interpretation eines Bildes geben könnte und daß es Aufgabe sei, diese endgültige Interpretation herauszufinden – sei es nun durch die Arbeit eines Laien oder eines Wissenschaftlers. Diese Annahme zu relativieren dient diese Doppelstunde. Hierzu werden zwei aufeinander bezogene Texte zweier Kunsthistoriker von einiger Bedeutung herangezogen. Der eine Text stammt von Hans Sedlmayr (geb. 1896), der andere von Kurt Badt (geb. 1890). Für die Durchführung des Unterrichtes ist es notwendig, auf die beiden Kunsthistoriker und das sie zu widersprüchlichen Deutungen bringende Methodenproblem beim Interpretieren einzugehen. Nur so wird der Lehrer die am Text durch die Schüler gewonnenen Erkenntnisse richtig deuten und den Schüler in seinen weitergehenden Überlegungen richtig führen können.
Sedlmayr wollte ursprünglich Architekt werden und, was für seinen methodischen Ansatz wichtig ist, er ist gläubiger Katholik (biographische Daten, s. auch 4. Doppelstunde, 4. Unterrichtsschritt). Seine wissenschaftliche Laufbahn begann mit der Bearbeitung österreichischer und italienischer Barockarchitektur und er wendete sich u. a. in einem grundlegenden Werk der Ikonologie der gotischen Kathedrale zu.
Er erarbeitete die sog. Strukturanalyse. Er verdeutlichte sie erstmals an Borrominis Architektur (Die Architektur Borrominis, Berlin 1931). Später wendete er sie auch auf die Malerei an, bearbeitete Jan Vermeers Bild (1951) und Breughels „Blindensturz“ (1957) in der Absicht, die Strukturanalyse exemplarisch vorzustellen.
Unter „Struktur“ versteht Sedlmayr das Ganze aller Bedingungen, die die Werke eines Künstlers hervorgebracht haben. Er geht

dabei von der unmittelbaren Wahrnehmung aus, beschäftigt sich mit dem Einzelwerk auf das genaueste, indem er sich darin auch auf Wölfflin beruft, erforscht dann aber die Motive, die hinter einer Werkfolge die Person, Zeit und die Umstände betreffend verborgen sind, um für den gegenwärtigen Betrachter das ‚richtige Verständnis' der jeweiligen Kunst zu vermitteln. Dabei fordert er von dieser Methode, daß sie eine Entscheidbarkeit zwischen widerstreitenden Behauptungen erbringen müsse. Ein solches Verfahren nennt Sedlmayr „eine strenge Kunstwissenschaft".

Seine besondere – im Ansatz thomistische – Einstellung zur Kunst, die z. B. von der Funktion mittelalterlicher Kunst mit ihrem vierfachen Bildsinn (real / allegorisch / mythisch / anagogisch) geprägt ist, überträgt Sedlmayr nun mittels seiner strukturanalytischen Methode auf das Bild von Vermeer. Er gibt seinem Vorgehen bewußt eine Gliederung, die nach dem dreifachen Bildsinn des barocken Kunstwerks (realistisch / allegorisch / spirituell) fragt, ohne zu prüfen, ob dies ein für dieses Bild angemessenes Vorgehen ist.

Hier setzt die Kritik Badts ein. Auch er ist durchaus ein überzeugter Vertreter der Strukturanalyse. Er selbst vertritt in einem seiner Hauptwerke – „Die Kunst Cézannes" (München, 1956) – diese Methode, die Umwege und Exkurse bevorzugt, um dem Ganzen des Werks in seinem formalen, historischen, ikonographischen Bezügen auf die Spur zu kommen.

Ist Sedlmayr prinzipiell mehr an der Bedeutung eines Kunstwerks (Rang / inhaltliche Auslegung / ethischer Sinn) orientiert, so fragt Badt in allen seinen Schriften – mehr philosophisch ausgerichtet – nach dem Wesen eines Kunstwerks. Er geht rational, d. h. an den einzelnen sichtbaren Phänomenen des Werkzusammenhangs orientiert, und systematisch, d. h. immer an einer Theorie der Methodologie und der Kunst orientiert, vor. So bezweifelt denn Badt auch sofort, daß die Bedeutung des Kunstwerks *vor* der Erkenntnis seines Wesens abgehandelt werden könne. Er nimmt zur Kunst eine idealistische Grundhaltung ein.

Der Streit, der über das Bild von Vermeer von ihm geführt wird, findet im wesentlichen auf drei Ebenen der Auseinandersetzung statt:

Auf einer ersten Ebene, die hier in der Textauswahl besonders berücksichtigt wurde, weil sie für den Schüler gegenständlich nachvollziehbar ist, geht es um die Frage, ob man beim Interpretieren des Werkes an beliebiger Stelle beginnen dürfe, und in welcher Reihenfolge die Teile aneinanderzubringen sind. Wölfflin (1. Doppelstunde) hatte hier nur von der „Führung des Auges" gesprochen. Nun wird die Frage gestellt, ob das Auge falsch oder richtig geführt werden kann. Dies ist für Badt besonders wichtig, weil er behauptet, Sedlmayr käme auf Grund einer falschen Reihenfolge der Analyseschritte zu einem falschen Ergebnis. Die Frage lautet also auch: Was bewirkt ein ‚beliebiger' Anfang beim Bildlesen?

Auf einer zweiten Ebene, die hier der Kürze der Textauszüge wegen nicht so deutlich in Erscheinung tritt, geht es darum, ob es erlaubt ist, ein Bild auf unterschiedlichen Ebenen seiner Sinnhaftigkeit (realer, allegorischer, spirituell-mystischer Bildsinn) zu befragen oder ob es nicht vielmehr so ist, daß das Wesen des Bildes, sein Besonderes gegenüber allen anderen Bildern der gleichen Thematik, sowohl Auskunft über die richtige Reihenfolge als auch über die zulässige Tiefe der Interpretation Auskunft geben kann. Die Frage lautet also letztlich, ob Bilder aus einem tatsächlich vorhandenem Kontinuum der Geschichte heraus befragt werden können (Sedlmayr) oder, als einzelne Werke untersucht, erst das Kontinuum der Geschichte vor unser Auge treten lassen (Badt).

Auf einer dritten Ebene, die nur aus dem Endabschnitt des jeweiligen gekürzten Textes andeutungsweise erkennbar wird, geht der Streit aber darum, in welcher Weise das Zueinander der einzelnen formalen und inhaltlichen Bezüge gewertet werden kann. Jeder Wissenschaftler weiß, daß man sich dabei auf möglichst objektivierende Feststellungen berufen sollte. Hinter Wertfragen tauchen aber trotzdem immer wieder normative Vorgaben der einzelnen Wissenschaftler auf. Diese zu erkennen und möglicherweise für den Schüler erkennbar werden zu lassen, sollte das Ziel dieser Doppelstunde sein.

Es müßte festgestellt werden, daß (nach Sedlmayr) die ‚richtige Interpretation' mehr oder weniger von der Gewichtung der gemachten Beobachtungen und Kombinationen abhängt, andererseits aber (so Badt) die „Wesensschau eines Kunstwerkes" nicht ausschließlich ein Akt objektiven Erkennens ist, sondern immer an historische und normative Vorbedingungen geknüpft ist. So wäre dem Schüler einsichtig zu machen, daß es unumgänglich ist, sein Augenmerk ebenso auf die Person des Interpreten, die die Interpretation stark prägt, zu richten – was nichts anderes heißt als, daß es die ‚richtige', für immer gültige Interpretation eines Werkes nicht geben kann.

Der Lehrer tut gut daran, sich einer Entscheidung für das eine oder andere Vorgehen zu enthalten. Denn in den Texten wird deutlich, daß beide Interpreten nicht nur wissenschaftlich unzulässige Vorgaben machen, sondern auch, daß sich beide in Folgerungen verstricken, die durch das eigene Werturteil hervorgerufen worden sind. Hierüber wird im einzelnen bei der Bearbeitung des Textes noch zu sprechen sein.

Soll die Problematik ausführlicher behandelt werden, müßten folgende Textstellen aus den zitierten Werken hinzugenommen werden: Für Sedlmayrs Argumente zum ‚Wörtlichen Bildsinn' der 1. bis 7. und 9. bis 11. Absatz, zum ‚Allegorischen Bildsinn' der 2. und 3., zum ‚Dritten Bildsinn' der 4. bis 6. und 8. Absatz. Für Badts Standpunkt die Seiten 79 bis 87 oben, 89 unten bis 92 oben, 96 unten bis 100, 105 bis 111 unten, 119 bis 120 oben, 121 mittlerer Absatz und 122 Mitte bis 123, 3. Absatz, jeweils einschließlich.

Verlaufsskizze

1. Unterrichtsschritt

Die unvoreingenommene Begegnung mit dem Bildwerk kann auf verschiedene Weise stattfinden:

1. die Schüler geben mündlich eine kurze Beschreibung des Bildes (Inhalt, formal- und farbkompositorischer Aufbau);
2. es wird nach der Bedeutung des Bildes an Hand der drei gebräuchlichen Titel des Bildes gefragt („Der Maler in seiner Werkstatt"; „Die Malkunst"; „Der Ruhm der Malkunst");
3. die Schüler wenden Aspekte der ‚immanenten Analyse' an und machen sich schriftliche Notizen;
4. der Lehrer läßt das Bild in Klausur bearbeiten, gewissermaßen als Test, mit der Frage, inwieweit Aspekte der immanenten Analyse verstanden worden sind (einschließlich Handskizzen!).

2. Unterrichtsschritt

Die Schüler werden mit den beiden Texten bekannt gemacht. Verständnisschwierigkeiten werden geklärt. Bei Sedlmayr können folgende begriffliche Schwierigkeiten auftreten:

– *Plan, Pläne:* der Ausdruck entspricht dem geläufigen „Vorder- / Mittel- / Hintergrund" – Zonen, aus denen sich das Bild räumlich aufbaut. Sedlmayr hat das Wort dem Französischen entlehnt, wo ‚plan' im 17. Jahrhundert bedeutete: relativer Abstand der Objekte von der Projektionsfläche = der Bildfläche.
– *Koordinatennetz des Prospektes:* eigentlich gemalter Bühnenhintergrund, hier die wirklichkeitsgetreue Ansicht einer Land-

schaft und der Städte der Niederlande, eingespannt in Senkrechte und Waagerechte.
- *Proszenium:* im heutigen Theater der Raum zwischen Vorhang und Rampe, hier der Raum zwischen Vorhang und unterer Bildkante.
- *Volute:* spiralförmige Einrollung am Kapitell ionischer Säulenordnung, auch als Bauornament seit der Renaissance verwendet.
- *Allegorie der Gloria:* gleichnishafte, rational faßbare Darstellung eines Begriffs durch eine bildliche Darstellung, so glaubt Sedlmayr in dem Mädchen den Begriff des Ruhmes (gloria) verbildlicht.
- *Fama:* Gerede, Gerücht, übertragen auch für guter Ruf, großer Ruf, Ruhm; Sedlmayr allerdings versteht beide Ausdrücke ‚gloria/fama' identisch, obwohl ‚gloria' eher die Sache selbst und ‚fama' die Aufzeichnung von Ruhmestaten meint, also auf Geschichte/Geschichtsschreibung anspielt.

Der Text von Badt enthält folgende begriffliche Schwierigkeiten:
- *Anhebung, Hauptteil, Schluß:* diese Bezeichnungen entsprechen den „Plänen" Sedlmayrs, sind allerdings nicht statisch, objektiv, sondern dynamisch, aus dem Vorgang des Auffassens durch das Subjekt zu sehen;
- *Orthogonale:* ortho = gerade, aufrecht, recht. Dazu Orthogon: Rechteck. Orthogonale: die rechtwinklig aufeinander stehenden Geraden, Senkrechte und Waagerechte;
- *Muse ‚Klio':* eine der neun Musen, die Geschichtsschreibung versinnbildlichend, meist mit einer Schriftrolle, diese im Barock durch das geschlossene Buch ersetzt. Die Musen sind Töchter des Zeus, die er mit der Mnemosyne zeugte. Sie werden erstmals bei Hesiod als Verkörperung höchster Geistigkeit zusammen genannt.

3. Unterrichtsschritt

Nun werden die Schüler aufgefordert, den Text in der Weise mit Überschriften in Gruppenarbeit zu gliedern, daß aus ihnen die Reihenfolge und Art der Schritte im Vergleich ersichtlich wird (vgl. Tafelanschrieb, Stundenblatt).

Beim Vergleich sollte vor allem auf zweierlei geachtet werden:

1. Die Schüler müssen erkennen, daß es sich um zwei im Grundsatz unterschiedliche Bearbeitungsweisen des Bildes handelt. Sedlmayr bearbeitet das Bild von hinten nach vorne, Badt von vorne nach hinten. Sedlmayr beginnt im Mittelbereich der Bildfläche, Badt an der linken Kante des Bildes vorne und will das Bild von links nach rechts lesen.
2. Schon durch diese Beobachtung (und auch anderer) sollten die Schüler darauf gebracht werden, daß Sedlmayr Wert legt auf ein statisches Festlegen der Bildzonen, die er sich verknüpft denkt. Badt dagegen betont mehr den dynamischen Ablauf eines Seherlebnisses. Mit dieser Auffassung des Bildes ist Badt sicher näher an der eigentümlichen Erlebensweise des Barock als Sedlmayr. Das läßt sich an allen Innenraumkonzeptionen des Barock, den Platzgestaltungen mit ihren retardierenden und weiterführenden Momenten und den raumbildenden achsialen Anordnungen, z.B. dem ‚point de vue' verdeutlichen.
   Doch kann umgekehrt nicht gesagt werden, Sedlmayr sähe diesen Zusammenhang in der Differenzierung der Pläne (32f.) nicht – nur ist er mehr auf die Feststellung der Bedeutungen der einzelnen Bildabschnitte und nicht auf die Reihenfolge ihrer Erschließung in einer interpretatorischen Bewegung aus!
   Letztlich geht es auch um die für die Schüler schwer zu entscheidende Frage, ob Vermeer zu seiner Zeit mehr der klassizi-

stischen oder der dynamischen Richtung des Barock angehört hat. Und hier wiederum ist Sedlmayr mit seiner statisch-klassischen Auffassung der Kunstanschauung Vermeers näher als Badt!

4. Unterrichtsschritt

Es muß nun von den Schülern in Erfahrung gebracht werden, worin eigentlich der Unterschied der beiden Interpretationsansätze zu finden ist. Hierzu versucht man zunächst, die Übereinstimmungen und Unterschiede bei den Beobachtungen beider Interpreten herauszuarbeiten (siehe Tafelanschrieb, Stundenblatt).

Beide erkennen eine *Dreiteilung* des Bildes an. Jede der Zonen wird im einzelnen zwar anders angegangen aber insgesamt gleich beschrieben und in Form- und Farbaufbau gleich gewertet. Auch der im Bild vorhandene Reichtum an herüber- und hinüberspringenden Form- und Farbbeziehungen wird bei beiden erkannt und dargelegt (hier durch Kürzungen weniger ausführlich als in den originalen Fassungen).

Wenn man auch sagen kann, Badt sieht manches differenzierter und dem optisch/visuellen Auffassen von Ganzheiten gemäßer (vgl. Sedlmayr, Zeile 28 bis 32 mit Badt, Zeile 56 bis 73), dem Wesen des Bildhaften näher, so läßt sich in dieser Phase der Untersuchung nicht der Schluß ziehen, Sedlmayr sähe etwas falsch – er entwickelt es nur in anderer Richtung als Badt.

Dabei stellt sich die Frage: Entstehen aus der *Reihenfolge* des Herauslesens von inhaltlichen, formalen und farbigen Beziehungen schon unterschiedliche interpretatorische Ansätze?

5. Unterrichtsschritt

Dieser Frage nachzugehen ist Anlaß für eine dritte Bearbeitung des Textes.

Wo tauchen bei dem einen Betonungen auf, die der andere für nicht so wesentlich hält und umgekehrt?

So fällt z. B. bei der Gegenüberstellung der Darstellungen auf:

Sedlmayr	*Badt*
Zeile 12–14 das Mädchen wird dem ‚Koordinatennetz' der abschließenden Wand zugesprochen	Zeile 8–15 es wird ein Zusammenhang zwischen Vorhang und abschließender Wand gesehen, vor der das Mädchen als ‚Schluß' (Ende und Erklärung) der Bildhandlung beschrieben wird.
Zeile 51–56 die Gegenstandsbeschreibung suggeriert, daß jeder der Bildzonen eine andere Zuständlichkeit zukommt und damit eine inhaltliche Trennung vorzunehmen ist, die es nicht erlaubt, das Bild naiv aufzunehmen als Einblick in ein Atelier, sondern: hinten: Allegorie/Bedeutsames; Mitte: realistische/wirkliche Handlung; vorne: Dasein der Dinge	Zeile 27–44 die Bildbeschreibung ist ganz auf den (natürlich-realistischen) Zusammenhang von Maler und Modell gerichtet und ausdrücklich wird eine Verschiebung in den Bedeutungsgehalten, d. h. auch in den Interpretationsebenen abgelehnt!

Zeile 39–50
Sedlmayr ist bemüht, nicht von den Beziehungen, sondern von den Differenzierungen der einzelnen Zonen zu sprechen und betont neben dem wenigen Verbindenden vor allem das Trennende.

Zeile 47–59
Badt kann nicht wegdiskutieren, daß jede der Gestalten einen eigenen formalen wie farbigen ‚Wirkkreis‘ hat, er bemüht sich aber auch hier um die Zusammenhänge, nicht um die trennenden Aspekte.

Damit ist eigentlich schon deutlich gemacht, daß die Interpreten allein durch die Bewertung bestimmter formaler, inhaltlicher und anderer Beziehungen zu unterschiedlichen Gewichtungen des objektiven Bestandes kommen. Hieraus entwickelt sich dann die Interpretation des Bildes ‚wie von selbst‘. Dabei tauchen Unterschiede auf, die die Ausdeutungen Sedlmayrs voreilig erscheinen lassen (Bedeutung des aufgeputzten Mädchens/Bedeutung des Gewandes des Malers). Andererseits wird man aber auch zugeben müssen, daß die Verschränkung des Mädchens mit der Landkarte der Niederlande gewichtiger ist, als Badt wahr haben will und die gleichnishafte Abtrennung des Modells von der realen Wirklichkeit formal tatsächlich durch die weit vorgezogene Tischkante bewerkstelligt wird – etwas, was Badt nur als Licht-Schatten-Wirkung gelten lassen will. Es ergeben sich folgende Unterschiede in den Interpretationen:

Sedlmayr

Zeile 70–77
Disposition einer normativen Einstellung: Bilder bis einschließlich Spätbarock stehen in einer christlich-mittelalterlichen Tradition und haben deswegen, wie alle Bilder und Werke des Mittelalters, *mehrfachen* Bildsinn!

Zeile 62–69
Disposition einer Deutung, die mögliche „Zufällc“ für cinc bcwußtc Auswahl sinnfälliger Gegenstände in Anspruch nimmt.

Zeile 75–76
Der Gesamtsinn des Bildes liegt für Sedlmayr darin, daß dieses Bild *als Ganzes* eine Allegorie des Ruhmes der Malkunst ist.

Badt

Zeile 60–81
Disposition einer normativen Einstellung: Bilder des niederländischen Barock sind realistische Darstellungen mit einem tiefgreifenden, aber *einfachen* Bildsinn!

Zeile 66–74
Disposition einer Deutung, die mit wissenschaftlichcn Mittcln dcr Ikonographic nur dort „feststellt“, wo keine Zufallsmöglichkeit mehr gegeben scheint.

Zeile 73–81
Der Gesamtsinn des Bildes liegt für Badt darin, daß hier ein zur Allegorie der Klio ausstaffiertes Modell von einem Maler gemalt wird, der – gewissermaßen entpersönlicht – die Maler aller Zeiten real symbolisiert.

Zu den gegensätzlichen Ergebnissen der Interpretationsanalyse beider Autoren kann der Lehrer noch bemerken, daß ein festes Wissen um Tatsachen mehr Sicherheit beim Bewerten des Sichtbaren gibt, wenn man den ‚richtigen‘ Sinn des Bildes erfassen möchte.

6. Unterrichtsschritt

Um die Sicherung von Tatsachen soll es nun im letzten Schritt gehen.

Zunächst wird der zeitgenössische Titel aus einem Inventar der Witwe Vermeers bekannt gemacht. Er lautet als Eintragung „De Schilderkonst" und bleibt damit, bezogen auf die beiden Interpretationen, zweideutig. Ohne Zweifel folgen beide Interpreten möglichen Charakteristika des Barock:

Der eine betont, daß der Barock gerne hinter allem Gegenständlich-Realen auch einen Bezug zu Leben, Tod und Sinnbildlichkeit des Diesseitigen gesehen hat. Der andere stützt sich auf die besondere politische und stilistische Situation der bürgerlichen Malerei in den Niederlanden, deren Realismus und Freude an der Diesseitigkeit durch die protestantische Weltsicht der Künstler und Betrachter gestützt wird.

Endgültig ‚falsch' wird man keine der Interpretationen nennen können, wenn auch Sedlmayrs Interpretation Fehler enthält, die auf der ungenauen Erhebung von Quellen beruhen. Die hauptsächlichen sind diese:

- Es ist falsch von einem „nahen Augenpunkt" zu sprechen. Entwickelt man die perspektivische Konstruktion über den Teilungspunkt, so erhält man eine Distanz zwischen Projektionsebene und Beobachter der Szene, die dem eineinhalbfachen der Bildhöhe entspricht – eine Entfernung, die in vielen Perspektiv-Traktaten der damaligen Zeit als die „normale" Distanz angegeben wird! Der Eindruck entsteht lediglich, weil das Format unten abgeschnitten worden ist, d. h. die gedachte Projektionsebene steht mit ihrer unteren Kante nicht auf dem Fliesenboden auf, sondern schwebt über diesem in einer gewissen Höhe (Teleeffekt!).
- Es ist falsch, das ausstaffierte Modell als „Fama" oder „Gloria" zu bezeichnen. Nicht nur im zeitgenössischen Schrifttum wird Klio die Ausstattung „mit Trompete, Lorbeerkranz und Buch" zugeschrieben, sondern auch in den ikonogaphischen Lexika des Barock, die den barocken Bildbestand repräsentieren.
- Es ist falsch, den Maler als „in zeitgenössischer Tracht" zu beschreiben. Es ist nachgewiesen, daß es sich bei seiner Kleidung um eine veraltete burgundische Tracht handelt, d. h. das ‚Nicht-Zeitgemäße' wird geradezu betont.
- Umgekehrt ist bei Badt weniger überzeugend, daß die Landkarte der VII Provinzen nichts anderes sei, als ein „Schmuckstück", wie es damals in den Häusern üblich war, d. h. ohne politischen Hintersinn und Anspielung auf die sieben freien (protestantischen) Provinzen, die Niederlande, gemeint.

Durch die vier Stufen der Textinterpretation wird dem Schüler, ohne zu aufwendige wissenschaftliche Detailforschung zu betreiben, deutlich, daß

- es unterschiedliche Möglichkeiten der Bildinterpretation gibt, auch wenn die Tatsachen vollständig und richtig erhoben sind;
- die Unterschiede der Auslegung sich meist aus Betonungen und Vernachlässigungen eines objektiven Bildganzen herleiten;
- diese Gewichtung auf Wertschätzungen der Personen beruht, die interpretatorisch tätig werden;
- daß die Spannung zwischen einer Situation, die der Vergangenheit angehört (und damit letztlich nur rekonstruierbar ist) und der gegenwärtigen Haltung des Betrachters bestehen bleibt, da er von seiner Gegenwärtigkeit niemals ganz absehen kann (vgl. dazu 11. und 12. Doppelstunde).

Die unterschiedliche Wertung liegt, neben einer nicht ganz eindeutigen historischen Quellenlage, im Wesen der beiden Wissenschaftler selbst:

Sedlmayr ist Architekt, d.h. an statischen Räumen interessiert, die aneinandergrenzen und als ‚räumliche Verknüpfung der Pläne' gesehen werden.

Badt ist musikalischen Problemen zugetan, spielte selbst ein Instrument und malte auch, weshalb er mehr von der Herstellung eines Bildes und seiner dynamischen Form/Inhalts-Verbindungen auf der Bildfläche ausgeht.

Das Problem der (von Sedlmayr geforderten) ‚richtigen Interpretation' – Kernstück seines strukturanalytischen Methodenansatzes – kann erst nach Einsicht in unterschiedliche Methodenansätze gelöst werden. In sie soll in den folgenden Doppelstunden eingeführt werden. Eine Antwort ergibt sich erst am Ende der 13. Doppelstunde!

Einführung in unterschiedliche Methodenansätze

7. Doppelstunde: Phänomenologische Fragestellungen

Ziel

Die Schüler lernen, sich mit Hilfe phänomenologischer Fragestellungen einen unmittelbaren Zugang zu Werken der bildenden Kunst zu eröffnen.

Teilziele

- Die Schüler sollen eigenen Empfindungen folgen können, um sie für die Erkenntnis des Objekts zu nutzen und Hypothesen bilden zu können.
- Die Schüler sollen lernen, wesentliche von unwesentlichen Faktoren eines Werkganzen zu unterscheiden.
- Die Schüler sollen die wesentlichen Faktoren in Beziehung zum Werkganzen sehen können und lernen, das Eigentümliche des Werkganzen interpretatorisch herauszustellen.

Materialien

Reproduktionen von:

- Westfassade des Straßburger Münsters (S. 12)
- Sog. Riß B der Westfassade des Straßburger Münsters (S. 12)
- Fassade von S. Maria Novella, Florenz (S. 13)

Textauszüge aus:

- J. W. von Goethe (1749–1832): Dichtung und Wahrheit, II. Teil (1812), 9. Buch. Zitiert nach: Goethes Werke, Hamburger Ausgabe in 14 Bänden Bd. IX. Hamburg 3. Aufl. 1959, S. 357 und 382 ff. (Text 39)

DIN A 4 Zeichenblock/Transparentpapier, Lineal, Zirkel, Bleistift, Dreieck

Bezugsliteratur

- L. Kolakowski: Die Suche nach der verlorenen Gewißheit – Denkwege mit Edmund Husserl. Stuttgart, Berlin, Köln, Mainz 1977
- Große Bauten Europas. Hrsg. v. E. Adam. Bd. 2: Das Straßburger Münster, Stuttgart 1971

In der letzten Doppelstunde wurden die subjektiven Einflüsse, die sich bei allem Streben nach wissenschaftlicher Genauigkeit durch das *Bewerten* beobachtbarer Tatsachen einstellen, behandelt. Es kann nun der Eindruck beim Schüler entstehen, als könne nur das Wissen über einen Sachverhalt – und nicht die Betrachtung – uns das Werk verständlich machen, oder der Schüler verfällt in ein anderes Extrem und behauptet, Werkinterpretationen seien auf Grund der nicht auszuschließenden subjektiven Einflüsse beliebig (vgl. 2. Doppelstunde). Diese Möglichkeiten von Fehlschlüssen gilt es nun zu relativieren.

Verlaufsskizze

1. Unterrichtsschritt

Unter Bezug auf die in der 3. und 5. Doppelstunde gemachten Erfahrungen muß nun über die mittlerweile auftretenden Widersprüche diskutiert werden. Welche wissenschaftlichen Wege gibt es, um zu gesicherten Erkenntnissen über Sichtbares zu gelangen? Bezieht man die Erfahrungen der ersten sechs Doppelstunden in die zu entfachende Diskussion ein, kann der Lehrer die Schüler zu der Einsicht führen, daß es recht unterschiedliche Wege des Erkennens von Tatsachen geben muß und daß unter ‚Tatsachen' je nach subjektivem Interesse des Fragenden etwas Verschiedenes verstanden werden kann. Dem Schüler muß deutlich werden, daß weder Aspekte der ‚immanenten Analyse' noch solche des Wissens über ein Werk (Quellenstudium!) fehlen dürfen. Hinzu kommt, daß beides durch subjektive Forschungsinteressen je anders gewichtet werden kann. Diese drei Gesichtspunkte, die bei jeder Analyse unterschiedliche Gewichtung haben, machen die Methodenvielfalt in den Wissenschaften aus.

In den folgenden Stunden soll der Schüler in vier typische Vorgehensweisen eingeführt werden (vgl. Tafelanschrieb, Stundenblatt): phänomenologische, historische, hermeneutische und kritische Fragestellungen. Jeder Ansatz verfolgt zwar andere Ziele bei der Analyse eines Sachverhalts, doch wird mit jedem versucht, Erkenntnisse durch die Bestimmtheit der Arbeitsschritte für jeden nachvollziehbar und damit überprüfbar zu machen.

2. Unterrichtsschritt

In dieser Doppelstunde sollen die Schüler in phänomenologische Fragestellungen eingeführt werden. Hierzu macht der Lehrer die Schüler mit Text 38 bekannt. An Hand dieses Textes erklärt der Lehrer das Stammwort ‚phainomenon' (altgriechisch)= ‚das Erscheinende, den Sinnen sich Zeigende' und kennzeichnet kurz das Besondere dieses Verfahrens. Es geht grundsätzlich von der Erscheinung einer Sache aus („von den Sachen selbst..."). Dabei spielt Wissen keine Rolle. Vielmehr wird darauf gedrungen, daß die analytische Arbeit an dem hier und jetzt wirklich vorhandenem Gegenstand beginnt, um durch ihn intuitiv auf wichtige und unwichtige Zusammenhänge gebracht zu werden. Dieses Verfahren wird im Text „Strukturerhellung" genannt. Es beinhaltet, daß der Gegenstand nach den sein Wesen bestimmenden Teilen und Beziehungen befragt wird und dabei Unwichtiges ausgeklammert wird. So kommt der Betrachter von der Erscheinung des Gegenstandes („Die anschaulichen Tatbestände...") durch gedankliches Arbeiten am Gegenstand zur Erkenntnis seines Wesensgehalts („...werden zu den erschaubaren weitergeführt..."), dem Ziel phänomenologischen Vorgehens („...bis das Wesen eines Gegenstandes auffaßbar wird..."). So läßt sich das Vorgehen des Phänomenologen etwa in folgenden Schritten angeben:

1. Durch Betrachten eines Gegenstandes erhält der Fragende eine intuitive Vorstellung vom Wirken der Erscheinung.
2. Das Erscheinende wird nach wichtigen, sein Ganzes bestimmenden Teilen und Beziehungen hin untersucht, Unwichtiges wird begründet aus der weiteren Betrachtung ausgeschieden.
3. Die wichtigen, das Erscheinungsbild des Gegenstandes begründenden Faktoren werden zusammengefaßt und als das unverwechselbare Wesen des Gegenstandes, sein Eigentümliches dargestellt (vgl. Tafelanschrieb, Stundenblatt, 5. Unterrichtsschritt, rechte Spalte).

Dem Lehrer muß es anheimgestellt bleiben, ob er diese methodischen (und gegenüber dem Vorgehen E. Husserls als dem Hauptvertreter einer wissenschaftlichen Phänomenologie stark vereinfachten) Analyseschritte den Schülern schon jetzt im Tafelanschrieb vorgeben will oder erst nach Bearbeitung eines Textes, in dem derartige Schritte für den Schüler nachvollziehbar werden. Hier wird davon ausgegangen, daß sich der Schüler leichter orientieren kann, wenn er die Schritte des Vorgehens an einem Text erarbeitet und diese dann erst in einem Tafelanschrieb festgehalten werden. Die schwierige Grundfrage nach dem ‚Wesen eines Gegenstandes' läßt sich nach dem 3. Unterrichtsschritt besser besprechen!

3. Unterrichtsschritt

Wenn auch erst E. Husserl (1859–1938) die Grundlagen für eine neue analytische und zugleich intuitive Wissenschaft gelegt hat, so wurde die Beschäftigung mit der Erscheinung eines Gegenstandes schon vorher sehr häufig als erster Schritt auf der Suche nach Erkenntnis angesehen.

Einer der größten Praktiker phänomenologischen Denkens war J. W. von Goethe (1749–1832). Er war wie kein anderer in der Lage, über das ‚In-Erscheinung-Tretende' nachzudenken und durch ein aus der Anschauung entstehendes Denken zu ganz wesentlichen Folgerungen im Hinblick auf die den Gegenständen innewohnenden Grundideen zu kommen. Die Suche nach der Urpflanze und die Didaktik der Farbenlehre sind Zeugnisse seines Vermögens.

Die Schüler werden mit einem Text bekannt gemacht, den Goethe in der Auseinandersetzung mit der deutschen Gotik auf Grund seiner Begegnungen mit dem Straßburger Münster geschrieben hat. Sie sollen den Text unter der Fragestellung bearbeiten, welche Denkschritte Goethe unternahm, um sich bei Betrachtung des Straßburger Münsters in das Wesen der gotischen Baukunst einzuarbeiten, ohne auf kunsthistorische Kenntnisse zurückzugreifen. Seine Erkenntnisse über das Wesen der gotischen Architektur sind sogar gegen die in der damaligen Zeit geläufige Meinung gerichtet, daß diese gotischen Bauten „mit verworrenem Zieraten überwuchert" von „äußerster Willkürlichkeit" gebaut worden waren (vorletzter Abschnitt des Textes).

Goethe schrieb diesen Text 1812 nieder, als er sich wieder einmal in Straßburg aufhielt. Goethe bekam den Anstoß zu diesem Text über die gotischen Bauten nicht nur durch die Einsicht in viele Zeichnungen anderer gotischer Kathedralen, sondern auch, indem er sich an seinen enthusiastischen Aufsatz von 1772 „Von deutscher Baukunst" erinnerte. Dieser war weniger aus einem rationalen Umgang denn einer überschäumenden Affektion dieses Bauwerks gegenüber entstanden. Goethe glaubte, diesen Aufsatz, mit dem er im „Sturm und Drang" eine sich langsam durchsetzende, romantische Zuwendung zur gotischen Baukunst unter nationalen Vorzeichen begründete, durch eine sachliche Beschreibung dessen, was es zu sehen galt, revidieren zu müssen.

Soviel ist notwendig über die Situation zu wissen, aus der heraus der Text entstand. Dem Lehrer bleibt es überlassen, wieviel er davon seinen Schülern durch Lehrervortrag mitteilen will. Dann werden die Schüler aufgefordert, ihn, wie immer, zunächst einmal zu lesen und Unverständliches zu unterstreichen. (Der Text ist übrigens geringfügig gekürzt.)

Im Text könnten folgende Stellen unverständlich sein:

- „Im Wirtshaus ‚Zum Geist'" bezieht sich auf die Unterkunft, welche Goethe in Straßburg im September 1812 nahm;
- „... das Erhabene mit dem Gefälligen in Bund getreten ..."

  Der erste Begriff wird von Kant neu bestimmt als „Erfahrung der Allgewalt wirklicher, aber übersinnlicher Größe". Goethe geht es darum, das unbegrenzt Große dem begreifbar angemessenen Schönen zuordnen zu können.

- „...den Kreuzgängen angehörig“: Hier irrt Goethe, indem er den Nordteil des Kreuzganges mit den Seitenschiffen identisch sein läßt;
- „...drei große, perpendikulare Abteilungen...“: senkrecht/lotrecht verlaufende (Wand-) Abteilungen, d. h. hochformatige Wandflächen;
- „Je mehr ich mich mit Messen und Zeichnen unterhielt...“: Tatsächlich war Goethe ein guter Zeichner, der auf diese Art des konzentrierenden Erfassens von Gegenständen nie verzichten wollte, da in ihm das Wesentliche intuitiv zum Vorschein kommt.

Sind die schwierigen Textstellen geklärt, so wird nun mit dem betrachtenden Vergleich zwischen den Abschnitten des Textes und der Straßburger Westfassade begonnen und gemeinsam eine Grobgliederung des Textes erarbeitet und an der Tafel festgehalten.

In Zeile 1 bis 9 wird ein erster, das Ganze betreffender Eindruck beschrieben. Goethe bringt, einer Intuition folgend, die zwei sich widerstreitenden Gesichtspunkte des ‚Erhabenen‘ und des ‚Gefälligen‘ aus der Kunsttheorie der damaligen Zeit ins Spiel. Dem Eindruck, daß das Erhabene mit dem Gefälligen verbunden sei, wird er weiter nachzugehen und zu ergründen versuchen. Deswegen zeigt dieser Abschnitt den ‚Anlaß für das weitere Forschen am Objekt‘.

Von Zeile 10 bis 42 nun analysiert er verschiedene Teile des Bauwerks, ohne je den Kontakt zum Ganzen der Fassade zu verlieren. Die Art dieses Vorgehens wird später noch durch praktische Arbeit besser erkennbar – hier ließe sich jedoch schon der Begriff der ‚Strukturerhellung‘ anwenden: Goethe durchdringt den verwirrenden Gesamteindruck und schreitet denkend und das Objekt gliedernd Schritt für Schritt hinter das Erscheinungsbild, indem er die (Bau-)Struktur erhellt und faßbar macht, ohne daß er je den einheitlichen Zusammenhang zum Ganzen verliert (Zeile 42 bis 59).

Von Zeile 60 ab bis Zeile 81 kann man bemerken, daß Goethe das Wesen des Ganzen zunehmend deutlicher erkennt und in der Lage ist, es in jedem Detail wiederzuentdekken.

In Zeile 82 bis 92 äußert er seine Verwunderung über die ablehnende Haltung anderer, die das Ganze als ‚geistloses Werk‘ bezeichnen, modische Ablehnung von etwas, das ihm zur ‚neuen Offenbarung‘ geworden ist.

Von Zeile 93 bis 102 gibt Goethe zu erkennen, was er für das Eigentümliche des vielfältigen Ganzen hält: die Verknüpfung der Teile untereinander, die Hinleitung von einem Hauptteil zum anderen, das Dynamisch-Fließende des Ganzen, welches dadurch etwas Organisch-Wachsendes, in ständiger Metamorphose Begriffenes erhält.

In Zeile 102 bis 105 bringt er zum Ausdruck, daß er sich mit diesem Bauwerk identifizieren kann (vgl. Tafelanschrieb, Stundenblatt).

4. Unterrichtsschritt

Ist die Gliederung an der Tafel festgehalten, werden die Schüler in einem zweiten Durchgang dazu angehalten, Goethes Ausgliederung der Strukturen (Zeile 10 bis 59) genauer nachzuvollziehen, allerdings mit genau der Methode, mit der sich auch Goethe den Zugang zu der Besonderheit des Gebäudes verschafft hat – durch Zeichnen (siehe Zeile 103 f.).

Die Schüler nehmen am besten ein DIN A 4 Zeichenblatt quer, in vier Abteilungen geteilt (siehe dazu Skizzen zum Stundenblatt [alle Skizzen vom Verfasser]).

Die Arbeit beginnt mit dem Text ab Zeile 10. Die Schüler werden aufgefordert, den Gang der Erarbeitung einzelner, für das Ganze wesentlicher Teilbeziehungen an Hand des Textes zu verfolgen und entsprechende Zeichnungen dazu anzufertigen. So spricht Goethe in Zeile 11f. von einem *aufrecht gestellten länglichen Viereck,* vom dem in Zeile 15 behauptet wird, es habe (bzgl. des Verhältnisses von Breite zu Höhe) ein *wohltätiges Verhältnis.* Dieses Verhältnis – es ist das wohltätigste Verhältnis, das das Auge kennt – sollen die Schüler nun durch Zeichnung und geometrische Konstruktion des Goldenen Schnitts kontrollieren.

Im folgenden wird die Erstellung der einzelnen Zeichnungen beschrieben, und daraufhin wird diese Beschreibung durch die Abbildung der Zeichnungen selbst ergänzt.

Für die Breite der Mauerfläche trägt man wegen des zur Verfügung stehenden Platzes eine Länge von 4,5 cm = die Seite a ab. Nun wird die von Strebepfeiler zu Strebepfeiler gemessene Entfernung in diesen Maßstab umgerechnet, um die maßstabsgerechte Höhe des Fassadenvierecks zu erhalten. Sie müßte ca. 7 cm = Seite b betragen. Nunmehr muß kontrolliert werden, ob dieses Verhältnis im Goldenen Schnitt geteilt ist oder nicht. Hierzu arbeitet man wie angegeben:

Man zeichnet die Strecke a + b, also 11,5 cm als die große Kathete, und ein halb a + b, also 5,8 cm, als kleine Kathete eines rechtwinkligen Dreiecks. Schlägt man nun einen Kreisbogen mit dem Radius $\frac{a+b}{2}$ um A über die Hypothenuse, so ergibt sich D. Dann schlägt man einen Kreisbogen mit dem Radius BD um B über die große Kathete. Es ergibt sich Schnittpunkt E. Er teilt die Strecke BC = a + b im Verhältnis des Goldenen Schnitts. Beim Messen ergibt sich: CE = annähernd 4,5 cm und BE annähernd 7 cm!

Goethes Behauptung, ein „wohltätiges Verhältnis" vorzufinden, trifft also, bewiesen mit der Goldenen Schnitt-Teilung, zu! Damit wäre einer der wesentlichen Faktoren für die *„Gefälligkeit"* gefunden, die in dem *„Erhabenen"* d.h. unüberschaubar Großem, enthalten ist.

Nun wird im Text nach weiteren Gliederungsmomenten gesucht. Man stößt auf Zeile 21f., wo die Grundfläche in *neun Felder* abgeteilt wird. Diese läßt man wie in Zeichnung II austragen und dem Text entsprechend beschriften. Desgleichen verfährt man mit Zeile 35ff., so daß vor den Augen der Schüler nun aus dem grob Unbegrenzten und Unproportionierten langsam ein Abgestuftes wird, das Goethe in Zeile 42 als „etwas gleichmäßig Leichtes" bezeichnet, was man nun nachvollziehen kann (siehe Zeichnung III).

In einer vierten Zeichnung, die zunächst den Zustand der dritten übernimmt, dann aber mit einem anderen Verwirklichungsmittel weitergeführt werden müßte, soll nun die letzte Beobachtung Goethes überprüft werden: Ab Zeile 43 überdenkt er den in Zeichnung III rekonstruierten Zustand, entdeckt dann aber (ab Zeile 51) die Angemessenheit jeder Zierate, die den Eindruck des Ganzen wesentlich mitbestimmen.

Nun tragen die Schüler die über die Wand verteilten Zierate aus der vorliegenden Abbildung andersfarbig in die noch einmal hergestellte Zeichnung III ein (Zeichnung IV).

Im Vergleich zwischen den Zeichnungen I bis IV kann der fortlaufende Denkweg Goethes optisch abgelesen werden: das unbegrenzt „Erhabene" ist mit den Mitteln des „Gefälligen" (Zeile 6) zu einem „Gefühl der Einheit" (Zeile 57) in der Mannigfaltigkeit (Zeile 55) gebracht worden. Dadurch wird sichtbar, was der Begriff der ‚Strukturerhellung' beinhaltet.

An Hand von Detailstudien läßt sich auch verfolgen, wie Goethe das dem Ganzen innewohnende Unverwechselbare herausarbeitet (Zeile 67 bis 81). Es ist nun abschätzbar, wie blind diejenigen gewesen sein müssen, die die gotische Baukunst der Willkür, Überladenheit und des verworrenen Zierats beschuldigt haben (Zeile 82 bis 92). Goethe entdeckt die Verknüpfung alles Vorhandenen in einem größeren, auch inhaltlichen Zusammenhang, der das Eigentümliche gotischer Kathedralkunst, auch nach heutigem Forschungsstand, ausmacht (Zeile 93 bis 102).

5. Unterrichtsschritt

Nun müssen die Erkenntnisschritte der phänomenologischen Methode auf Grund der Analyse des Textes von Goethe (siehe Tafelanschrieb, 3. Unterrichtsschritt) in ihrer Abfolge festgehalten werden (siehe Tafelanschrieb, Stundenblatt).
Widerstand könnte sich bei Schülern, die ihre Erfahrungen in einem materialistischen Ansatz der Welterklärung besser aufgehoben finden, an der Wortfamilie ‚wesentlich, Wesen, Wesenhaftigkeit' entzünden. Dieses ist kein Schade, da durch eine solche Diskussion deutlich gemacht werden kann, daß alles, was der Mensch denkt, von bestimmten Prämissen geprägt ist. Die der Phänomenologen ist, daß den Gegenständen etwas Bleibendes und etwas Veränderliches eigen ist. Das Bleibende eines Gegenstandes ist das aus der Sinneserscheinung Herausgearbeitete, seine ‚abstrakte Manifestation'. So manifestiert sich z. B. ein Geodreieck nicht dadurch, daß es aus Holz, Kunststoff oder Metall ist (Veränderliches), sondern dadurch, daß es drei Ecken haben muß, soll es der Wesenheit *Drei-Eck* entsprechen. Der Gegensatz zur materialistischen Weltanschauung wird in diesem Beispiel besonders deutlich. Deswegen sind auch bei Goethes Betrachtungen der Westfassade des Straßburger Münsters keine Materialprobleme (Steinarbeit) und statischen Problemen (wie hält das), sondern Fragen an die inneren Aufbaugesetze des so in Erscheinung Tretenden zur Sprache gekommen. Goethe glaubt letztlich an ein zur Natur parallel laufendes Formdenken des Menschen, das Wachstumskräfte zu Gott symbolisiert.
Sind die Schritte an der Tafel oder in das Arbeitsheft übertragen, und falls noch Zeit und Interesse vorhanden ist, kann die Aufgabe – evtl. auch als Hausaufgabe – gestellt werden, versuchsweise mit diesen Methodenschritten ein anderes Bauwerk zu analysieren: z. B. die Fassade von S. Maria Novella, Florenz.
Die Schüler müßten herausfinden, daß die Fassade nach einem geometrischen Prinzip proportioniert und zu einem Ganzen gebracht worden ist, das aus zwei Teilsystemen besteht:

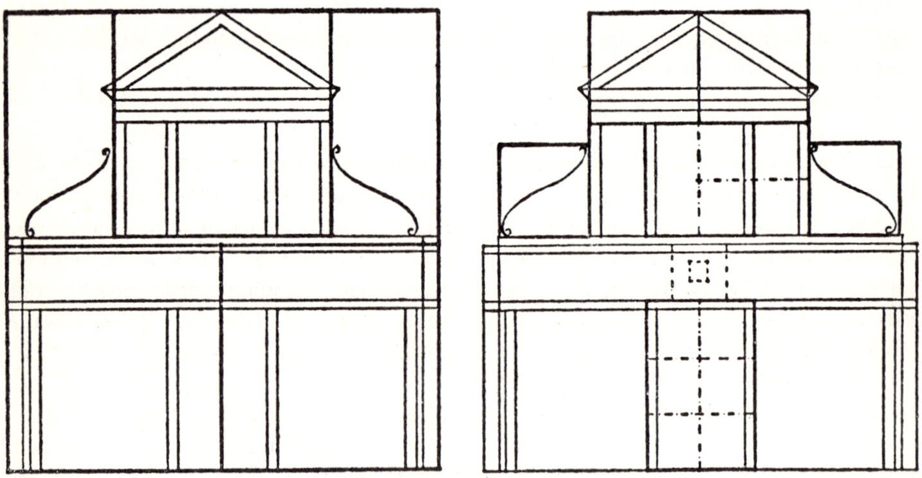

Fassade S. Maria Novella/Florenz. Proportionsschema nach R. Wittkower

Sinn dieser Geometrisierung war es in der Renaissance, die unmittelbare Erscheinung auf mathematische – und das hieß in der damaligen Zeit immer kosmische und damit absolut gültige – Prinzipien zurückzuführen. In dem Schema, das Alberti entwarf, geht in der Tat, wie beim griechischen Tempel, eine Größe aus der anderen hervor, nachdem die Seitenlänge des kleinsten Grundquadrats bestimmt wurde.
(Die obige Abbildung ist entnommen aus: Paatz, W.: Die Kunst der Renaissance in Italien. Stuttgart 1951, S. 66)

Vorbemerkungen zur 8. bis 13. Doppelstunde. Historische Fragestellungen

In der siebenten Doppelstunde wurde der Weg aufgezeigt, wie man durch phänomenologische Fragestellungen von Intuitionen des Subjekts zu Erkenntnissen gelangen kann, die das Objekt in seiner Eigentümlichkeit erfassen. Dabei konnte den Schülern vielleicht auch klar gemacht werden, daß dieses Vorgehen gewissermaßen die Umkehrung des Vorgehens darstellt, das durch subjektbezogene Empfindungen geleitet ist und welches immer ein Geschmacksurteil nach sich zieht (vgl. Ende 2. Doppelstunde).

Doch das Fragen nach dem ‚Wesen‘ eines Werkes kann auch Fehlurteile mit sich bringen, die hauptsächlich in der Geschichtlichkeit des jeweils Interpretierten begründet sind. Ihnen ist mit einer phänomenologischen Vorgehensweise nicht beizukommen. Um der Zeitgebundenheit eines Werkes habhaft zu werden, muß man sich einer historischen Methode bedienen. Dies soll in den folgenden sechs Doppelstunden mit den Schülern erarbeitet werden. Die Schüler sollen lernen, Werke der bildenden Kunst von ihrem zeitlichen Ursprung aus anzugehen und durch Erfassen des historischen Kontextes zu erklären. Der Erfahrungsbereich des Schülers soll in dieser Richtung erweitert werden, allerdings auch mit dem Bewußtsein, daß dieser Anspruch sehr hoch ist.
Die Schüler werden in den drei ersten Doppelstunden zunächst in das Verfahren als solches am Beispiel einer Radierung von Rembrandt (Hundertguldenblatt, um 1649) eingeführt. Je eine Doppelstunde wird dabei der Herstellungsgeschichte, der Entstehungsgeschichte und der Wirkungsgeschichte „nicht nur Rembrandts berühmtester Radierung, sondern wahrscheinlich überhaupt der berühmtesten Radierung aller Zeiten“ (Goldscheider) gewidmet sein. Dieses Blatt wurde gewählt, weil es sowohl von der technischen, als auch inhaltlichen und formalen Seite seiner Herstellungsgeschichte dem Betrachter Probleme aufgibt, die exemplarisch in typische Fragestellungen der historischen Vorgehensweise einführen können. Gleiches gilt für Fragen der Entstehungsgeschichte und Wirkungsgeschichte. Kaum ein anderes, für die Reproduktion einigermaßen geeignetes Werk ist dabei an Hand von Primär- und Sekundärquellen so gut zu verfolgen wie diese Radierung. Davon können hier natürlich nur andeutende Ausschnitte wiedergegeben werden.
In einer darauf folgenden Doppelstunde sollen die Schüler am Beispiel von Picassos Bild „Guernica“ (1937) die gemachten Erfahrungen selbständig umsetzen lernen und dabei gleichzeitig in das ‚hermeneutische Verfahren‘ eingeführt werden. Es wurde dazu gerade dieses Bild gewählt, weil zu erwarten ist, daß der persönliche Standort des Schülers gegenüber diesem Bild und gegenüber den Vorgängen, die es veranlaßt haben, die Frage nach der individuellen Auslegung historischer Tatsachen besonders hervortreten läßt.
In den dann folgenden zwei Doppelstunden soll das Problem des Individuellen noch einmal aufgegriffen und eine andere methodi-

sche Lösungsmöglichkeit an Hand Kirchners Bild „Straßenszene Berlin, Friedrichstraße" (1913/14) vorgestellt werden: Fragestellungen in Anlehnung an die kritische Theorie mit dem Ziel, nicht individuelle sondern allgemeine, gesellschaftlich bedeutsame Folgerungen aus Werken der Vergangenheit ableiten zu können.

Das Arbeiten mit Fragestellungen, die aus der kritischen Theorie kommen, setzt Kenntnisse des historischen Materialismus voraus. Die Vermittlung derartiger Kenntnisse, deren Grundbestandteil das dialektische Denken ist, kann die Ziele eines Grundkurses übersteigen. Es ist daher möglich, diese gesellschaftlich orientierte Spielart historischer Methoden auszulassen. Statt dessen ließe sich dann nach einer ersten allgemeinen Einführung in die historischen Methoden (8. Doppelstunde, 1. und 2. Unterrichtsschritt) die Klasse in zwei Gruppen teilen, die entweder das Hundertguldenblatt von Rembrandt oder das Bild „Guernica" von Picasso zur relativ selbständigen Bearbeitung wählen. Falls die Zeit reicht, kann dann immer noch in das spezifische Problem der Hermeneutik oder in Aspekte semiotischer Methoden (Anhang 13. Doppelstunde) eingeführt werden.

Wie anderswo so sind auch hier die Bildreproduktionen nur ein Notbehelf. Lediglich das Hundertguldenblatt von Rembrandt kann mit wenig finanziellem Aufwand in originaler Größe und Technik beschafft werden (bei Bundesdruckerei, Pleimesstr. 3, 53 Bonn).

8. Doppelstunde: Historische Fragestellungen zur Herstellungsgeschichte

Teilziele

- Die Schüler sollen die Grenzen der ‚phänomenologischen Vorgehensweise' erkennen und Folgerungen im Hinblick auf eine historische Betrachtung von Werken der bildenden Kunst ziehen können.
- Die Schüler sollen Vorgehensweisen bzgl. historischer Fragestellungen kennen und durchführen lernen, soweit sie den Aspekt der Herstellungsgeschichte betreffen.
- Die Schüler sollen ein Werk als historische Quelle lesen lernen.

Materialien

Reproduktionen von:

- Radierung von Rembrandt Harmensz van Rijn (1606–1669): Christus heilt die Kranken (sog. Hundertguldenblatt), 27,8 × 39,6 cm, um 1647/49 (s. Bildtafel und Detailabbildungen S. 14)
- Radierung von Adrian van Ostade (1610–1685): Die Familie IV. Zustand, 12,2 × 9 cm, 1649, Berlin, Kupferstichkabinett (S. 14)
- Sog. Riß B (s. o.) (S. 12)

Textauszüge aus:

- M. J. Friedländer: Von Kunst und Kennerschaft, Zürich o. J. (als Textgrundlage) (Text 44)
- A. v. Houbraken (1660–1719) ‚Groote Schouburgh der Nederlantsche Konstschilders…', 1718. Zitiert nach: L. Goldscheider: Rembrandt, Köln 1963, S. 21 (Text 41)

- J. W. v. Goethe: Dichtung und Wahrheit, II. Teil, 9. Band (s. o.) (Text 39)
- Das Neue Testament, Evangelium des Matthäus, Markus und Johannes

Transparentpapier, Bleistift, Zeichenfeder, schwarze Tinte, Zeichenblock DIN A 4, Lupe.

In dieser Stunde sollen die Schüler an Hand der kritischen Beurteilung phänomenologischer Fragestellungen zu der Einsicht geführt werden, daß die Beschäftigung mit den historischen Bedingungen der Herstellung eines Werkes unabdingbare Voraussetzung für eine sachangemessene Einsicht in Werkstrukturen ist.

Verlaufsskizze

1. Unterrichtsschritt

Den Schülern sollen die Grenzen phänomenologischer Fragestellungen bewußt gemacht werden. Hierzu wird an den Text von Goethe der vorigen Stunde angeknüpft und ihm ein Text gegenübergestellt, der wissenschaftliche Forschungsergebnisse über die Baugeschichte des Straßburger Münsters zusammenfaßt (Text 40). Als Abbildungsgrundlage für diesen Text kann der sog. Riß B dienen. Er gibt einen Planungszustand der Westfassade zur Zeit ihrer Erbauung wieder.
In einem Unterrichtsgespräch wird nun die Auffassung Goethes, es handele sich bei der Westfassade von Straßburg um ein homogenes Ganzes, dem nur ein Turm fehlt, relativiert. Das Ergebnis ist zu verallgemeinern: Goethe vermochte nicht, die sich aus dem Verlauf der Baugeschichte erklärenden Veränderungen des ursprünglichen Plans zu sehen. Er besaß damals keinerlei Kenntnisse über den tatsächlichen Bauverlauf und ging deswegen bei der Beurteilung der Fassade von falschen Voraussetzungen aus. Der Lehrer stellt nun die Fehlstelle phänomenologischen Vorgehens heraus: Wer nach dem Wesen einer Sache fragt, ist an der inneren Substanz des Bestehenden, aber nicht an den (akzidentiellen) Umständen der Entstehung und Herstellung der vor Augen stehenden Erscheinung interessiert (vgl. Tafelanschrieb, Stundenblatt). Aus dieser Einsicht lassen sich allgemeine Folgerungen ziehen. Wer an dem (geschichtlichen) Werden eines Gegenstandes interessiert ist, muß sich um ein anderes Untersuchungsverfahren bemühen. Es bietet sich eine Vielzahl historischer Untersuchungsmethoden an, die im Grundsätzlichen nun durch die Schüler verdeutlicht und erprobt werden sollen.

2. Unterrichtsschritt

Die ‚historischen Methoden' gehen davon aus, daß vor dem in Erscheinung tretenden Werk schon immer etwas gewesen ist, aus dem es hat hervorgehen können. Diese dem unmittelbaren Zugriff sich verschließenden Bedingtheiten der Gegenstandserscheinung können mit historischen Vorgehensweisen erfaßt werden. Durch sie wird den technischen, gestalterischen, geistigen, sozialen und politischen Bedingungen der Entstehungszeit des Werkes nachgegangen, um zu erklären, warum das Werk so und nicht anders hat werden können. Es wird berücksichtigt, daß auch der Betrachter einem bestimmten Zeitpunkt der Geschichte zugeordnet werden muß. Das Vorgehen gliedert sich deshalb immer in die Beschäftigung mit der Entstehungsgeschichte, der Herstellungsgeschichte und der Wirkungsgeschichte eines Werkes. Da die so Forschenden nicht nur Fakten zusammentragen, sondern auch Stellung nehmen müssen, ist die Erarbeitung eines historisch-begründeten Werturteils notwendig. Um auf diesem Weg an das Ziel – eine gesicherte Kenntnis des historischen Sachverhalts – zu gelangen, bedarf es der Anwendung verschiedener ‚Regeln', die diesen Weg von anderen Erkenntniswegen unterscheiden lassen.

Der historisch Forschende muß zunächst versuchen, sich möglichst intensiv in die entsprechende historische Situation einzuarbeiten. Das ist ihm nur durch ein umfassendes Quellenstudium möglich. Dabei werden im allgemeinen drei der Qualität nach unterschiedliche Quellen bearbeitet:

- Wichtigste Quelle ist das Werk selbst. Es gilt, dieses in seiner Eigenart zu erkennen, um es dem Umraum anderer vorher, gleichzeitig und nachher entstandener Werke eines Künstlers, eines Gebietes, einer Kulturperiode zuordnen zu können.
- Zweite, unumgängliche Quelle sind alle das Werk, seine Entstehung, Herstellung und Verwendung betreffenden schriftlichen Zeugnisse von Künstlern, Freunden, Reisenden, Kritikern, Händlern, Käufern, Auftraggebern usw. aus der fraglichen Zeit, die das Wissen um Entstehung, Ausführung und Verwendung sichern helfen. Werke der Kunst und zeitgenössische Quellen über sie werden *Primärquellen* genannt.
- Drittens zählt man zu den Quellen alle – meist von Wissenschaftlern vorangetriebenen – Forschungsarbeiten, die in Vergangenheit und Gegenwart über die Sache entstanden sind. Da es sich hier immer schon um eine weiterführende Bearbeitung von historischen Primärquellen handelt, werden diese *Sekundärquellen* genannt.

In welcher Reihenfolge man die Quellen bearbeitet ist prinzipiell gleichgültig, nur müßte man streng genommen Kenntnis der ‚Quellenlage' aller drei Bereiche besitzen, will man über den Sachverhalt urteilen. Prinzipiell ist der Historiker dabei bemüht, Sachverhalte über eine bestimmte historische Situation aus den Quellen selbst darzustellen. Doch kein historisch Forschender ist in der Lage, eine vergangene Zeit in all ihren lebendigen Bezügen so darzustellen, wie sie einmal als Gegenwart existiert hat. Da er selbst die Geschehnisse von einem anderen historischen Ort aus betrachtet, ist sein Ziel auch nicht die Rekonstruktion des gewählten Zeitpunktes, sondern sie ist nur ein Mittel dazu, dem heute Lebenden das Damalige einsehbar, erklärlich und damit auch letztlich verständlich zu machen. So ist es uns heute z. B. ganz unmöglich, davon abzusehen, daß das Straßburger Münster ein Bauwerk ist, das dem Hoch- und Spätmittelalter angehört. Damals wußte keiner, daß er im ‚Mittelalter' lebte und welche Bedeutung dies für nachfolgende Kunsthistoriker hatte!

Die Aufgabe des historisch Forschenden ist es daher, nicht nur Daten zu sichern und zu ordnen, sondern auch zu interpretieren. So ist der historisch Denkende immer „unmittelbar zu Gott" (Ranke). Er „gestaltet, was unverbunden nebeneinander liegt" (Ritter) im „prägenden Druck der Gegenwärtigkeit" (Burckhardt). (Zitiert nach H. Seiffert: Einführung in die Wissenschaftstheorie 2. München 2. Aufl. 1971, S. 52f.)

Es ist wichtig, dem Schüler zu vermitteln, daß die Suche nach geschichtlichen Erkenntnissen andere Verhaltensweisen gegenüber dem Objekt erforderlich macht als bei phänomenologischer Wesenserforschung. Auch um persönliche Gefallens- und Mißfallensäußerungen (vgl. 2. Doppelstunde, Schema im Stundenblatt) geht es jetzt nicht mehr. Nicht nach dem Wesensgehalt eines Werkes, sondern aus welchen Voraussetzungen es entstanden ist, nach welchen Vorstellungen und auf welche Weise es hergestellt wurde, welche Wirkungen es hatte und in welchem Zustand es auf uns gekommen ist (vgl. Tafelanschrieb Stundenblatt) wird gefragt. Dies alles sollte der Lehrer den Schülern zu bedenken geben, um ein solches Vorgehen schließlich an der Bearbeitung des Hundertguldenblatts von Rembrandt zu üben.

3. Unterrichtsschritt

Zunächst geht es darum, die Fakten der Herstellungsgeschichte zu rekonstruieren. Welche technischen, stofflichen, inhaltlichen und formalen Mittel standen dem Künstler zur Zeit der Herstellung dieses Werkes zur Verfügung und wie setzte er sie ein? Auch hierbei werden ‚Wesensmerkmale' des Werkes zur Sprache kommen, doch dienen sie jetzt der Beurteilung historischer Gegebenheiten.

Entsprechend der Einsicht, daß es prinzipiell gleichgültig ist, in welcher Reihenfolge die Daten des Werkes mittels der zur Verfügung stehenden Quellen erhoben werden, kann mit der Künstlerpersönlichkeit, der Zeit, in der Rembrandt lebte oder mit dem Werk selbst begonnen werden. Hier wird vorgeschlagen, den Schüler in den Stand eines Forschers zu versetzen, der dieses Blatt als zunächst einzige Quelle gefunden hat und es mittels der zur Verfügung stehenden weiteren Quellen einem historischen Ort zuordnen möchte.

Die Schüler werden mit der Reproduktion der Radierung Hundertguldenblatt bekanntgemacht. Es ist vorteilhaft, mit den Schülern über ihre ersten emotionalen Eindrücke kurz zu sprechen. Wer Interesse an dem Nachweis hat, daß die historischen Fragestellungen die subjektiven Meinungen revidieren können, sollte die ersten Äußerungen der Schüler über Inhalt, Form, Entstehungszeit und Bedeutung protokollieren lassen, um sie am Ende mit den Ergebnissen der Untersuchung vergleichen zu können.

Partien, die wahrscheinlich im ersten Arbeitsabschnitt bearbeitet wurden Ätzungen mit silbrig-grauem Ton

Partien, die nachgearbeitet wurden entweder mit stärkeren Ätzungen oder mit Grabstichel und kalter Nadel

Nacharbeit wahrscheinlich nur mit dem Grabstichel und kalter Nadel

Bearbeitungsgrenzen zwischen zwei Zeitabschnitten

Die Schüler werden angeregt, das Blatt zunächst nach Hinweisen über die handwerklich-technische Herstellung zu durchforschen. Hierzu ist in jedem Falle eine Lupe zu verwenden. Dabei lassen sich eine ganze Reihe aufschlußreicher Beobachtungen im Hinblick auf die Herstellungsgeschichte notieren (vgl. Tafelanschrieb, Stundenblatt und Abbildung).

Wenn genügend Zeit vorhanden ist, lassen sich die eben gemachten Beobachtungen auch durch eigene Arbeit in den drei typischen Tiefdrucktechniken Rembrandts praktisch erproben. Dann gilt es, aus dem Beobachteten Folgerungen zu ziehen.

4. Unterrichtsschritt

Nun werden die Schüler mit dem Text von Houbraken (1718) bekanntgemacht. Unter Zuhilfenahme weiterer Detailaufnahmen und der dazugehörigen Texte sollen sie zu einer Einschätzung des Textes von Houbraken gelangen:
Lassen sich Aussagen über Rembrandts Arbeitstechniken in diesem Blatt machen?
Gibt es Unterschiede zu den Arbeitsweisen seiner zeitgenössischen Kollegen?
Die erste Frage ist schon fast (siehe 3. Unterrichtsschritt) beantwortet. Allerdings wird die restlose Unterscheidung der verwendeten Tiefdrucktechniken nicht gelingen. Hierin schon liegt eine Eigenart Rembrandts, der sich über die damals noch üblichen handwerklichen Regeln und deren getrennte Verwendung in Stich und Radierung einfach hinwegsetzte, um zu einer stärkeren künstlerischen Aussage zu gelangen (vgl. Radierung von Ostade!). Es läßt sich außerdem sagen, daß Rembrandt – ähnlich wie Picasso – auch experimentelle Interessen hatte und gegen die Auffassung seiner Zeit arbeitete, in der Druckgrafik hauptsächlich die Reproduktionsmöglichkeit von Gemälden zu sehen (z. B. Rubens, Breughel, früher Rembrandt).
Es kann auf Grund deutlicher Stilunterschiede (vgl. Detailabbildung S. 14) als wahrscheinlich erachtet werden, daß Rembrandt mit längeren Unterbrechungen an der Platte gearbeitet hat. In der Verwendung der künstlerischen Mittel läßt sich ein deutlicher Unterschied zu seinen Zeitgenossen feststellen (vgl. dazu Abbildung im Schülerarbeitsheft: A. v. Ostade [1610–1685], ein Beispiel guter Qualität. Er hatte schon von Rembrandt lernen können!).
Im Hinblick auf die Art und Weise der technischen Durchführung ragt Rembrandt aus dem Kreis seiner Künstlerkollegen heraus.
Wer für diese speziellen Fragen mehr Zeit investieren kann, regt die Schüler an, verschiedene Stellen aus dem Druck von Rembrandt, Ostade und vielleicht noch aus dem von J. G. Müller nachgestochenen Bildnis der Malerin Vigée-Lebrun (1785, Klettgalerie 94230) herauszuvergrößern (Blattausschnitte nicht größer als eine Briefmarke, mit Lupe, Zeichenfeder und schwarzer Tinte auf ca. DIN A 7/8 bringen!) und nebeneinanderzustellen. Es lassen sich damit unterschiedliche handwerklich-technische Vorgehensweisen besprechen!

5. Unterrichtsschritt

Wer sich so intensiv mit der Technik einer Druckgrafik auseinandergesetzt hat, interessiert sich nun für die Frage: Wie ist es zu dem merkwürdigen Titel „Hundertguldenblatt" gekommen?
Um sie zu beantworten, verweist man auf den entsprechenden Text im Schülerarbeitsheft (Text 42). Hier sind einige der Erklärungen aufgeführt, die in kunsthistorischer Literatur zu finden sind. Interessant wäre noch die Fassung von A. Bredius, ein bedeutender Rembrandtkenner und -forscher, der Titel stamme aus dem Anfang des 18. Jahrhunderts und beziehe sich wohl auf den Preis, den die Radierung auf einer Auktion erreichte. Das Besondere an dieser Summe kann den

Schülern erst deutlich werden, wenn ihnen Relationen mitgeteilt werden:
Für die „Nachtwache“ (Öl auf Leinwand, 359 × 438 cm, 1642, mit 29 Personen, davon 16 portraitähnlich) erhielt Rembrandt 1600 Gulden; Jan Steen für 3 Ölbilder 27 Gulden, Jan van Ostade für 13 Ölbilder (Genre) 27 Gulden. Ein Gulden entspricht heute etwa einem Kaufwert von DM 85,–, d.h. Rembrandt erhielt damals für eine Radierung einen Gegenwert von ca. 8500,– DM geboten! Bedenkt man, daß dies auch heute ein hoher Preis für ein Schwarz/Weiß-Blatt ist und bezieht man mit ein, daß Radierungen und Stiche damals kaum künstlerischen, sondern nur reproduktiven Wert hatten, so ist der Preis schwindelerregend hoch und rechtfertigt, auf diese Weise der Nachwelt erhalten geblieben zu sein: Hundertguldenblatt!
Für das Kennenlernen der ‚historischen Methode‘ ist die Bewertung der Quellen aus der Sekundärliteratur aufschlußreich. Es müßte sich auch von Schülern herausfinden lassen, daß die Version Gollwitzers und die Feststellungen bzgl. der rückwärtigen Aufschrift im Grunde identisch sind (Schülerarbeitsheft, Text 42). Aber auch die oben mitgeteilte Version von Bredius geht auf diese Primärquelle zurück: Die Notiz der rückwärtigen Aufschrift stamme von dem bekannten Kunsthändler Gersaint (1694–1750), der auch Kunstauktionator war. Watteau malte für ihn das ‚Ladenschild‘ (Berlin Dahlem). Bredius legt die Notiz in ihrer Funktion nur anders aus und interpretiert sie als Hinweis, der preistreibend wirken sollte und nicht als Feststellung über Tatbestände.
Nun liegt die Frage nahe, wie man denn heute das Blatt bezeichnen könne, wenn auf die – etwas unsichere – Geschichte mit den 100 Gulden verzichtet wird. Eine Auflistung an der Tafel läßt sich aus Text 42 entwickeln. Warum aber gibt es keinen einheitlichen Titel, wie bei anderen Werken dieser Zeit?

6. Unterrichtsschritt

Um der Frage nach dem dargestellten Inhalt und seiner Bedeutung näherzukommen, kann der Lehrer entweder mit den Schülern Erwägungen über mögliche dargestellte biblische Inhalte anstellen und sie an der Tafel notieren oder – falls sich keine ‚Bibelkundigen‘ finden – selbst mögliche Deutungen an der Tafel auflisten (siehe Tafelanschrieb, Stundenblatt und Schülerarbeitsheft, Text 43). Bezieht man die im Text genannten Bibelstellen mit ein, so wird alsbald deutlich, daß Rembrandt zunächst der Tradition gefolgt sein muß, kanonische Bibelstellen (z.B. Geburt Christi, Kreuzigung) zu verbildlichen. Die Darstellung muß jetzt überprüft werden, um das ‚Was‘ zu klären und das ‚Wie‘ zu erarbeiten.
Die Figurengruppen – hat man sie als solche erst einmal erkannt – lassen sich verhältnismäßig leicht in den genannten Evangelientexten wiederfinden (vgl. Tafelanschrieb, Stundenblatt). Am besten legen die Schüler auf die Reproduktion Transparentpapier, umfahren die einzelnen Gruppen und tragen die entsprechenden Textstellen in die Gruppenumrisse ein.
Ist so erst einmal der Inhalt des Bildes vom Stoff her belegt, lassen sich auf jeden Fall zwei Folgerungen herleiten:

1. Rembrandt hat nicht *eine* Bibelstelle verbildlicht, sondern eine ganze Reihe von Begebenheiten, die zeitlich hintereinander liegen, im Bild zusammengetragen.
2. Sieht man auf die Stellung und Anordnung des Zusammengetragenen, so muß die inhaltliche Zuordnung der Gruppen der linken Bildhälfte zu den Gruppen der rechten Bildhälfte auffallen. Das Prinzip der Zuordnung ist auf der Beziehung der Menschen zum christlichen Glauben gegründet. Eine Auflistung an der Tafel ist hilfreich (Tafelanschrieb, Stundenblatt).

Steht die bedeutungsvolle Ordnung der Inhalte des Bildes erst einmal fest – Gegen-

links:

Gegner (1)
Kritische (2)
Nachdenkliche (3)
Wagende (4)
Eifernde (5)

rechts:

Gläubige (I)
Neugierige (II)
Ahnungslose (III)

überstellung von Gläubigen und Ungläubigen – und ist Christus als Vermittler zwischen den Gläubigen rechts und Ungläubigen links erkannt, liegt es im Interesse des historisch Forschenden, nach der Rembrandt leitenden Gesamtidee zu fragen.

7. Unterrichtsschritt

Hat Rembrandt mit seiner Darstellung einen bestimmten Augenblick im Leben Christi (Historienbild) oder ein bedeutsames Geschehen (Ereignisbild), einen bildlichen Anlaß zu Einkehr und Besinnung (Andachtsbild) oder nur eine möglichst alltäglich gefaßte, volkstümliche Szene (Genrebild) gestalten wollen? Kurz, leiteten Rembrandt symbolische oder realistische Motive bei der Ausführung des Blattes? Welche der Bildgattungen wählte er? Die Bestimmung der Bildgattung (vgl. Schülerarbeitsheft, Text 44) ist keine kunsthistorische Kategorisierung von Bildmaterial, sondern orientiert sich an den in der Kunsttheorie der jeweiligen Zeit auftauchenden Gesichtspunkten der Beurteilung von darstellungswürdigen Gegenständen. Im Altarbild des Mittelalters waren Portrait, Landschaft, Historie, Ereignis, Andacht, Stilleben – zumal im 14. und 15. Jahrhundert – immer irgendwie enthalten. Daß sich die Bildthemen dann zunehmend verselbständigten, zeigt nicht nur eine veränderte Stellung der Künstler in der Gesellschaft an, sondern auch, daß kulturelle Interessen entstanden, die so ‚unreligiöse' Stoffe wie Früchte, Bäume, Felder und Städte darstellungswürdig werden ließen. Für die Erklärung einer Thematik, die sich auf Bibel-

stellen bezieht, ist es daher unabdingbar notwendig, mittels der Frage nach der Bildgattung die Einstellung des Künstlers zu seinem Werk zu ermitteln, um die Aussageabsicht des Bildes zur Zeit der Entstehung deuten und beurteilen zu können.
Der Lehrer fordert die Schüler auf, die entsprechenden Texte im Schülerarbeitsheft zu lesen und auf die Radierung Rembrandts zu beziehen. Eine anschließende Diskussion über die Zuordnungsmöglichkeiten sollte in die Einsicht münden, daß Rembrandt zwar genrehafte Züge mit in das Bild eingebaut hat (z.B. Gruppe der Kranken rechts vor Christus), jedoch nicht das Gewöhnliche, sondern gerade das Außergewöhnliche dieser Szene gemeint haben muß (Stellung Christi, bedeutsame Anordnung der Gruppen). Da aber die ‚historische Treue' sowohl dem Bibeltext wie auch der Behandlung der Figuren gegenüber kein Gegenstand seines Bemühens gewesen ist, muß man der Ansicht neuerer Forschung folgen und eine Tendenz zum Ereignisbild (Vergegenwärtigung historischen Geschehens) erkennen, der verinnerlichende Züge des Andachtsbildes nicht fehlen. Eine Zuordnung zu dieser Gattung verbietet sich jedoch der Figurenfülle und des eindeutigen Realitätsbezugs wegen. So zeigt Rembrandt auch hier, daß er seine Zeitgenossen, die mehr oder weniger Spezialisten für eine einzige Bildgattung oder nur einen Bildstoff gewesen sind, weit überragt. Rembrandt sucht nach neuen, die Grenzen der damaligen Darstellungsmöglichkeiten sprengenden Ausdrucksmöglichkeiten (vgl. z.B. A. v. Ostade als Maler des ‚Bauerngenre' und die Ablehnung der „Nachtwache", einem unkonventionell gemalten ‚Schützenstück' [1641/42] von Rembrandt!)
Wer es für angebracht hält bei der Bearbeitung von Bildgattungen länger zu verweilen, der wähle z.B. folgende Bilder aus der Klett-Galerie zur Veranschaulichung (erste Nennung Querformat, zweite Nennung Hochformat):

- *Stilleben:* A. v. Beyeren 94132; J. v. Huysum 94037
- *Landschaft:* M. Hobbema 94185; El Greco 94761
- *Portrait:* H. Holbein d. J. 94308; Rembrandt 94750
- *Genre:* J. Vermeer v. Delft 94388; G. Terborch 94387 (dynamischer Barock)
  L. Le Nain 94763; (–) (klassizistischer Barock)
- *Mythologie:* P. P. Rubens 94372; M. d. Caravaggio 94705
- *Historie:* Tintoretto 94762; (–)
- *Andachtsbild:* (–); J. v. Eyck 94352
- *Ereignisbild:* (–); L. Cranach d. Ä. 94363
- *Altarbild:* (–); M. Grünewald 94749

Hausaufgabe oder 8. Unterrichtsschritt

Rembrandt steht mit diesem Werk auch inhaltlich über seinen Zeitgenossen. Diese Feststellung, schon gestützt durch Untersuchungen der handwerklich-technischen Ausführung des Blattes, könnte noch wie eine vage Behauptung wirken. Sie läßt sich eigentlich erst vollends erhärten, wenn nachgewiesen werden kann, daß die formale Gestaltung (Komposition, Raum-Körper-Darstellung, Hell-Dunkel etc.) des Bildes dieser Feststellung entspricht.
Hierzu teilt man die Schüler in Gruppen und fordert jede der Gruppen auf, die Arbeitsaufträge, die sich aus Text 45 im Schülerarbeitsheft ergeben, auszuführen. Die Schüler legen am besten Transparentpapier über die Reproduktion und tragen die entsprechenden Gestaltungsaspekte aus. Die Ergebnisse der Teilanalysen werden nebeneinander aufgestellt und im Plenum besprochen. Dabei sollte der Lehrer darauf achten, daß die Schüler Bezüge zwischen Inhalt, Bedeutung und formaler Gestaltung sowie angewendeter Technik zunehmend herstellen. Ziel ist, zu erkennen, daß das Bild als Ganzes in keiner der Untersuchungsebenen Brüche aufweist. Jeder Aspekt stützt den anderen, und

Zum kompositionellen Gesamt

– – – *Blockartige Zusammenfassung inhaltlich bestimmbarer Figurengruppen, reliefartige Wirkungen*

Einzelne herausstechende Figuren, die an räumlich wichtigen Stellen angeordnet sind. Raumgliedernde, von vorne nach hinten dringende Aktionen, auf Christus gerichtet (barocke Kompositionselemente)

//// *Durchdringen der Komposition mit Schrägen, die im Ganzen eine Dreieckskomposition erkennen lassen. Flächenartige Durchdringung der Szene, inhaltlich von der Tätigkeit Christi, formal von klassizistischen Tendenzen der barocken Komposition.*

alles zusammen wird zu jener großartigen Einheit, die schon zur Entstehungszeit Erstaunen hervorgerufen hat (s. Skizzen oben und auf dem Stundenblatt).

Im Überblick ist leicht erkennbar, daß links schattenlose Grelle bei den Gegnern Christi herrscht, während Gläubige und Zweifelnde in Licht-Schatten-Modellierung gegeben

Zur Hell-Dunkel-Gestaltung

sind, während die Ahnungslosen fast ganz in Dunkel getaucht sind. Diese Grundlinie der Psychologisierung von Licht-Schatten-Wirkungen ließe sich im einzelnen für jede der Gestalten ausdeuten. Wichtig ist, daß Christus nicht als der Helle-Wundersame gegeben ist, sondern zwischen dem Dunkel der Unwissenheit und der Helle übersteigerter Intellektualität den Ausgleich gibt: harmonisch durchgearbeitete Plastizität des Gewandes in feinsten Grauwerten, Gesicht wie von innen leuchtend, Zentrum des Strahlenkranzes.

9. Doppelstunde: Historische Fragestellungen zur Entstehungsgeschichte

Teilziele

- Die Schüler sollen beispielhaft verschiedene Quellen im Hinblick auf die entstehungsgeschichtliche Situation des Werkes auswerten lernen.
- die Schüler sollen Schwierigkeiten bei der Einschätzung von Tatsachen und deren Verknüpfung untereinander kennenlernen und zwischen dem Feststellen von Tatsachen und der Interpretation von Anhaltspunkten unterscheiden lernen.

Materialien

Reproduktionen von:

- Caravaggio da Michelangelo (1573 bis 1609): Die Berufung des Apostel Matthäus, Öl auf Leinwand, 328 × 348 cm, 1599/1600, Rom, S. Luigi dei Francesi (S. 16)
- Pieter Lastman (1583–1633): Coriolan empfängt die Abgesandten, Öl auf Leinwand, 1622, Dublin, Trinity College (S. 16)
- Stich nach einem Bild von Adam Elsheimer (1578–1610): Iuppiter bei Philemon und Baucis, 1612, Kupferstich von H. Goudt, 16,4 × 22 cm, 1612, Frankfurt a.M., Städelsches Kunstinstitut (S. 16)
- Federzeichnung von Rembrandt (1606–1669): Christus predigend, Vorstudie zum Hundertguldenblatt, 19,8 × 23 cm, um 1639, Paris, Louvre (S. 17)
- Rembrandt: Radierung „Simeon im Tempel“, zweiter Zustand, 21,3 × 29 cm, um 1640, London, Britisches Museum (S. 17)
- Rembrandt: Radierung „Christus predigend“ (La petite Tombe), 15,5 × 20,7 cm, um 1655, Amsterdam, Rijksprentenkabinet (S. 17)

Textauszüge aus:

- Rembrandt und die Malerei. Zusammenfassung nach Kurt Bauch: Der frühe Rembrandt und seine Zeit. Berlin 1960, S. 204–207 (Text 46)
- Lebensabriß Rembrandts nach Thomas W. Gaethgen. In: Propyläen-Kunstgeschichte. Bd. 9. Die Kunst des 17. Jahrhunderts. Hrsg. v. E. Hubala, Berlin 1970, S. 178f. (Text 47)

Bezugsliteratur

- K. Bauch: Der frühe Rembrandt und seine Zeit. Berlin 1960
- H. Gerson: Rembrandt, Gemälde – Gesamtwerk. Gütersloh 1969
- W. Sumowski: Das Leben Jesu in Bildern, Handzeichnungen und Radierungen von Rembrandt. Witten und Berlin 1963
- J. G. van Gelder: Ausstellungskatalog Caravaggio en de Nederlanden. Utrecht/Antwerpen 1952.

Aus allem, was in der letzten Stunde und durch die Betrachtung der Hausaufgaben zu Beginn gemeinsam besprochen wurde, geht hervor, daß Rembrandt ein eigenartiger Künstler gewesen ist. In der folgenden Stunde ist zu erforschen, ob Rembrandt Vorläufer gehabt hat, die ihm diesen Weg gewiesen haben. Es gilt, sich ein Bild von dem künstlerischen Werdegang Rembrandts zu verschaffen, um die Arbeit am Hundertguldenblatt innerhalb der Werkfolge würdigen und die Frage beantworten zu können, welche Vorgeschichte das Blatt hatte und ob sie in Rembrandts Vorstellungswelt noch nachgewirkt hat.

Verlaufsskizze

1. Unterrichtsschritt

Die Schüler werden gebeten, sich an Hand des Textes „Rembrandt und die Malerei im 17. Jahrhundert“ über einige grundlegende historische Tatsachen der ersten Hälfte des 17. Jahrhunderts zu informieren.
Der Text behandelt im ersten Abschnitt die allgemeine Situation der Kunst, die durch die sich langsam abschwächende Führungsposition Italiens im Kunstgeschehen gekennzeichnet ist. Doch fast noch alle Künstler der Generation um 1600 (z. B. Poussin, Rubens, Velazques, Elsheimer, aber nicht Rem-

brandt!) gehen nach Rom, vor allem um die von Caravaggio vertretenen barocken und die von den Gebrüdern Caracci proklamierten klassizistischen Tendenzen einer neuen, auf Bewegung, Raum und Erregtheit zielenden Kunst kennenzulernen. Dabei überwiegen die öffentlichen und kirchlichen Aufträge im Zuge der von den Jesuiten begonnenen Strategie der Gegenreformation.
Im zweiten Abschnitt wird auf die politischen und wirtschaftlichen Veränderungen in Europa und besonders in den Niederlanden eingegangen. Nach zehnjährigem Freiheitskampf gegen die katholischen Spanier errangen 1579 die Nordprovinzen unter der Führung des Hauses Nassau-Oranien (Utrechter Union) die religiöse und politische Unabhängigkeit. Holland und Flandern, mit Rembrandt und Rubens an der Spitze, wurden dadurch zu zwei sich deutlich unterscheidenden Kunstlandschaften. Die Blüte der holländischen Kunst hatte wirtschaftliche Gründe. Mit der 1602 gegründeten „Ostindischen Vereenigde Maatschappij“ errangen die Niederländer auch einen Wirtschaftssieg über die Spanier, dessen Folgen den bürgerlichen Wohlstand von zwei Jahrhunderten in den Niederlanden begründeten: der direkte Handel mit Ostindien, die Kolonialisierung der ostindischen Inseln und die Verlagerung des Stapelplatzes von Antwerpen nach Amsterdam. Von diesem wirtschaftlichen Aufschwung profitierte nicht nur der Portraitmaler Rembrandt im Amsterdam um 1630/40 sondern die gesamte Schilderkunst in Holland. Nun war genügend Geld vorhanden, um sich in den Stammlanden voll Stolz über das politisch und wirtschaftlich Erreichte einzurichten.
Im dritten Abschnitt wird beschrieben, was durch die kulturellen und gesellschaftlichen Umstände vorgezeichnet ist: Das ‚Holländische‘ ist die Freude an der Ästhetik des realen Gegenstandes, nicht aber die menschliche Universalität in der Ausdruckskunst eines Genies. Je umfassender das holländische Wirtschaftswunder durch den Ausbau der ostindischen Kolonien florierte, desto weniger verständlich mußten die Bildausführungen Rembrandts werden. Im Hundertguldenblatt (um 1649) ließ sich noch ein Gefühl des Dankes über den so opferreichen und doch glücklichen Verlauf der letzten achtzig Jahre hineinsehen – in den Kreuzigungsdarstellungen, im Ecce homo, dem Streit um die Verschwörung der Bataver und in vielen anderen Bildern um und nach 1660 konnte man nur noch den querköpfigen Sonderling sehen. Und doch gehört der sog. 3. Zustand der „Kreuzigung“ und das Fragment der Bataververschwörung zu den Bildern, die direkt auf den frühen Expressionismus weisen! Die hier angedeuteten politischen, gesellschaftlichen und kulturellen Hintergründe können entweder gesprächsweise oder mittels geeigneter Lexika von Gruppen erarbeitet werden.

2. Unterrichtsschritt

Um den Einfluß der Vorgänger auf Rembrandts Werk einschätzen zu können, werden nun die Bilder von Caravaggio (Die Berufung des Apostels Matthäus, 1599), Lastman (Coriolan empfängt die Abgesandten, 1622) und Elsheimer (Iuppiter bei Philemon und Baucis, 1611) und die dazugehörigen Texte im Unterricht besprochen.
Während die Bologneser Malerfamilie der Carraci unter Führung des Annibale an der Renaissance-Tradition und damit der Antike anschloß und den klassizistischen Barock und den Bildtypus der ‚Heroischen Landschaft‘ (Lorrain/Poussin) in Europa begründete, malte Caravaggio mit naturnaher Sachlichkeit nach Modellen, die er sich aus dem Alltagsleben Roms aufgriff. Der Naturalismus, mit dem er das Heilige vergegenwärtigte, und damit einen psychologischen Zug der barokken Malerei begründete, erregte zunächst immer wieder Anstoß. Auch Rembrandt gestaltete aus ähnlichen Beweggründen. Cara-

vaggios neues Verhältnis zum Licht schließlich, das scheinwerferartig dunkle Räume durchzieht und unvermittelt auf Figuren trifft und deren Erscheinung plastisch dramatisiert (Körperlicht), wie in der „Berufung des Apostels Matthäus" deutlich zu sehen, wurde Gestaltungsprinzip einer ganzen Generation in Europa verstreuter Maler, besonders außerhalb Frankreichs. So nimmt es nicht Wunder, daß sich auch der Deutsche Elsheimer von diesem Stil anregen ließ.
Adam Elsheimer schuf in Rom italienische Landschaften und Figurenbilder, die – auf genauem Naturstudium beruhend – ideale Kompositionen darstellten, in denen zum ersten Mal in der abendländischen Malerei die Einheit von Raum, Licht und lebensvollen Figuren erreicht wurde. Über den hier abgebildeten Stich von Goudt nach einem Bild von Elsheimer, „Iuppiter bei Philemon und Baucis", schrieb Goethe (Aus Goethes Brieftasche, 1817): „In dem Stück von Goudt nach Elsheimer: Philemon und Baucis (armes altes Ehepaar, das als einzige von allen Menschen Jupiter und Merkur auf ihrer Wanderung gastlich aufnahm, Ovid, Metamorphosen) hat sich Jupiter auf einen Großvaterstuhl niedergelassen, Merkur ruht auf einem niedrigen Lager aus, Wirt und Wirtin sind nach ihrer Art beschäftigt, sie zu bedienen. Jupiter hat sich indessen in der Stube umgesehen, und just fallen seine Augen auf einen Holzschnitt an der Wand, wo er einen seiner Liebesschwänke, durch Merkurs Beihilfe ausgeführt, klärlich abgebildet sieht. Wenn so ein Zug nicht mehr wert ist als ein ganzes Zeughaus wahrhaft antiker Nachtgeschirre, so will ich alles Denken, Dichten, Trachten und Schreiben aufgeben" (Hamburger Ausgabe, Bd 12, Hamburg 3. Aufl. 1959, S. 27).
Es fällt den Schülern sicher nicht schwer, sowohl in der Hell-Dunkel-Behandlung des Lichtes wie in der Verteilung der Figuren Ähnlichkeiten zwischen Rembrandt und Elsheimer/Goudt zu finden.
Ebenso einleuchtend im Hinblick auf die Figurenanordnung im Hundertguldenblatt müßte die Betrachtung des Bildes von P. Lastman, „Coriolan empfängt die Abgesandten", sein.
Coriolan, der Sieger über die Volsker, marschierte mit diesen aus Rache gegen eine Entscheidung des Senats vor Rom, allgemeine Verwirrung stiftend. Ihn in Unterhandlungen zum Rückzug zu bewegen, gelang schließlich den römischen Frauen mit Coriolans Mutter und dessen Frau an der Spitze, hier kniend im Lager des Coriolan dargestellt. Coriolan steht erhöht – wie Christus im Hundertguldenblatt, links eine Gruppe von alten Volskern – wie die Pharisäer in der Radierung, von rechts kommt der Zug der Abgesandten aus der Stadt Rom, wie die Kranken bei Rembrandts Komposition!
Den Schülern muß deutlich werden, daß kaum etwas in der Geschichte aus sich heraus geschieht, daß es vielmehr immer Wegbereiter gibt, die meist nur weiterentwickelt in eigentümlicher Weise zu einem neuen zusammengebildet werden – wie bei Rembrandt das Licht des Caravaggio, das Hell-Dunkel des Elsheimer und die Figurenkomposition seines Lehrers Lastman (vgl. Tafelanschrieb, Stundenblatt).

3. Unterrichtsschritt

Ist das Prinzip historischer Entwicklung und allmählicher Veränderung erkannt, ist der nächste Schritt der Untersuchung logisch aus dem vorangegangenen abzuleiten. Auf welche Weise bereitet sich die Arbeit am „Hundertguldenblatt" im Werk Rembrandts vor, und wie wirkt das Blatt in ihm nach?
Hierzu läßt man die Schüler den Lebensabriß Rembrandts lesen. Im Gespräch ist sodann der Zeitabschnitt zu bestimmen, in dem die Beschäftigung mit der Thematik des Hundertguldenblatts sowohl auf biographischer wie auch werkgeschichtlicher Ebene möglich gewesen sein könnte.

Zunächst bestätigt der von Gaethgen verfaßte Abriß das, was aus den beiden vorangegangenen Unterrichtsschritten schon erkannt wurde. Nun aber erkennen die Schüler, daß Rembrandt um 1640 in eine persönliche Krise (Geburt Titus, Tod Saskias) und künstlerische Krise (Skandal um die „Nachtwache") gerät. Mit dem ehrenvollen Auftrag einen Passionszyklus für den Statthalter der Niederlande zu malen beschäftigt, greift er noch zu anderen biblischen Themen. Es finden sich Handzeichnungen und sogar eine Radierung (Simeon im Tempel), in denen Figurengruppen des Hundertguldenblatts fast gleich gestaltet auftauchen (siehe Abbildung im Schülerabeitsheft).

Was die Federzeichnung (Vorstudie zum Hundertguldenblatt) anbelangt, so sehen die Schüler, daß hier Christus noch in einer anderen Haltung geplant ist und die Pharisäer noch ohne Mauerabtrennung in der Gruppe der übrigen stehen und sehr reich ausstaffiert sind. Ferner ist zu bemerken, daß die Zeichnung gegenüber der Radierung als Druck seitenverkehrt gezeichnet ist. Wer an Fragen der Umkehrung einer Komposition Freude hat, sollte mit den Schülern das Hundertguldenblatt einmal spiegeln (oder durch Glas rückseitig betrachten) um zu sehen, was Rembrandt tatsächlich auf die Platte gekratzt hat.

Erstaunlicher ist, daß diese gleiche Figurengruppe, kompositionell ein wenig gestrafft, auch in der Radierung „Christus predigend" (um 1655) auf der rechten Seite auftaucht. Für den, der sensibel für das schwierige Geschäft des historisch Forschenden geworden ist, Geschichte aus erwiesenen Tatsachen der Vergangenheit aufzubauen, müssen jetzt Fragen über Fragen entstehen, für die es kaum Antworten gibt:

Welche der beiden Vorlagen war eher da, die Federzeichnung oder die Radierung? Ist die Federzeichnung eine Vorzeichnung zu der Radierung „Simeon im Tempel"? Aber warum ist sie ‚richtigseitig' – gleich der Radierung? Auf alle Fälle ist eindeutig, daß alle drei Blätter Variationen ein und derselben Gruppierung von Figuren sind. Und so ist es sicher nicht zu weit hergeholt zu vermuten, daß Rembrandt zu dieser Zeit auch mit dem Hundertguldenblatt begonnen, es aber der ungünstigen Zeitläufte wegen nicht gleich beendet hat. Selbst in der Reproduktion der Radierung „Simeon im Tempel", in der möglicherweise die Geburt eines der Kinder Saskias eine dieses Thema auslösende Rolle gespielt hat, ist noch ersichtlich, daß zwar im Ganzen etwas gröbere Strichlagen verwendet sind als in der ersten Anlage des Hundertguldenblattes. Sie sind jedoch im Gegensatz zu diesem ganz einheitlich im Stil und weisen keine Brüche auf. Auch die ursprüngliche Gestalt des Hintergrundes im Hundertguldenblatt (Gewölbe oder Mauer mit Schatten?) könnte hier ihren Vorläufer haben!

Das dritte Bild, die Radierung „Christus predigend" fordert zum ersten Mal die Frage nach den Nachwirkungen des Hundertguldenblatts heraus – hier auf die Werkgeschichte des Künstlers beschränkt. Noch immer ist die Gruppe links im Hundertguldenblatt zu erkennen. Vor allem der mit dem Rücken zum Betrachter stehende Mann taucht wieder auf, doch auch die gruppierende Schichtung zwischen einer Repoussoir-Figur im Vordergrund, einer Menschenmenge im Mittelgrund und erhöht Stehenden im Hintergrund, jeweils zu Gruppen verdichtet, ist noch zu finden – nur statt der perspektivischen Tiefenzüge entlang der Schenkel eines gleichseitigen Dreiecks ist eine intimer wirkende Kreiskomposition gewählt, die auch die rechts Sitzenden – ebenso wie im Hundertguldenblatt tiefer angeordnet und als Ärmere gekennzeichnet – ohne Unterbrechung im Vordergrund miteinbezieht. Mancherlei Veränderungen sind festzustellen, doch im Ganzen steht dieses Blatt im Zusammenhang mit dem Hundertguldenblatt und dem 1. Zustand des „Ecce homo", eine Radierung von 1655. Deutlich ist eine Tendenz zu größerer Flächigkeit und Regelmäßigkeit abzulesen, was bei Rembrandt eine Tendenz zum Klassisch-Beruhigten und Verinnerlichten aber nicht minder Ausdrucksstarken bedeutet.

4. Unterrichtsschritt

Damit ist das Hundertguldenblatt sowie Rembrandts Schaffen, welches damit in Zusammenhang steht, zeitlich fixiert, ohne daß freilich eine genaue Datierung des Geschehnisses möglich wäre.
Der Schüler lernt, daß vieles, was wie gesichertes Wissen vermittelt wird, sich bei näherer Beschäftigung mit Fakten als Interpretation von Anhaltspunkten herausstellt. Ein subjektiver Entscheidungsspielraum kann auch innerhalb des historischen Vorgehens nicht geleugnet werden. Der einzige Weg, diesen Schwierigkeiten zu begegnen, ist die rückhaltlose Genauigkeit der Berichterstattung und dic Offenlegung der Wege, auf denen Einsichten gewonnen wurden (vgl. Tafelanschrieb, Stundenblatt).
Die Schüler werden aufgefordert, die Ergebnisse der Stunde an der Tafel aufzulisten und den beiden Rubriken ‚sichere Tatsachen' und ‚Interpretation von Anhaltspunkten' zuzuordnen.
Falls Zeitmangel besteht, kann die Aufgabe dieses 4. Unterrichtsschrittes auch als Hausaufgabe gegeben werden oder in einem Zwischentest, der das Verständnis für historisches Forschen zeigen soll, gelöst werden.

10. Doppelstunde: Historische Fragestellungen zur Wirkungsgeschichte

Teilziele

- Die Schüler sollen beispielhaft einige Primär- und Sekundärquellen im Hinblick auf die Wirkungsgeschichte auswerten lernen.
- Die Schüler sollen die Notwendigkeit historischer Fragestellungen begründen können, wenn der Forschende zu gesicherten Erkenntnissen über einen Sachverhalt kommen möchte.

Materialien

Reproduktionen von:

- Zwei Teilstücke der Radierung von Rembrandt, überarbeitet von Kapitän W. Baillie: „Der Mann mit dem Stock“ und: „Christus“, um 1775 (S. 19)
- Radierung von Felix Vallotton (1865 bis 1962): Portrait nach Rembrandt, 34 × 43 cm, 1889, Bern Kunstmuseum (S. 19)

Textauszüge aus:

- Joachim v. Sandrart: Deutsche Academie der edlen Bau-, Bild- und Mahlerey-Künste, Nürnberg 1675. Zit. nach L. Goldscheider: Rembrandt. Köln 1963, S. 11f. (Text 49)
- Abate Filippo Baldinucci: Cominciamento e progresso dell'arte d'intagliare in rame colla vita de' più eccelenti maestri della stessa professione, Firence 1686. Zit. nach L. Goldscheider, op. cit. S. 15 (Text 50)
- W. v. Seydlitz: Rembrandts Radierungen, Leipzig 2. Aufl. 1922. S. 127 (als Textgrundlage) (Text 51)

- „Goethes Brieftasche" (1776) und „Schriften zur Kunst" (1816). In: Goethes Werke, Hamburger Ausgabe, Bd. 12, Hamburg 1958, S. 27 und 164 (Text 52)
- E. Faure: Histoire de l'Art. Paris 1909. In: H. Gerson: Rembrandt – Gesamtwerk. Gütersloh 1969, S. 466 (Text 53)
- F. Schmidt-Degener: Verzamelde studien en essays. Bd. 2, Rembrandt. Amsterdam 1930. In: H. Gerson, op. cit. S. 482 (Text 54)
- S. Slive: Rembrandt and his critics, 1630–1730. Den Haag 1953. In: H. Gerson, op. cit. S. 474 (Text 55)

Transparentpapier, Bleistift, Faserschreiber oder Feder

Bezugsliteratur

S. Heiland und H. Lüdecke: Rembrandt und die Nachwelt. Berlin 1960

Geschichtliches Denken ist zunächst nichts anderes als Einarbeitung in die Geschichte, d. h. das Aufsuchen des historischen Ortes der Entstehung und Herstellung eines Werks, um sich Vergangenes bewußt zu machen. Doch es ist unumgänglich, die Gegenwart der Person, die das Vergangene betrachtet, miteinzubeziehen: In einer bestimmten Zeit lebend, ist der historisch Forschende nicht nur der Vergangenheit verpflichtet, sondern auch an die Gegenwart gebunden. Immer nimmt er bewußt oder unbewußt einen zeitlich bestimmten Standpunkt beim Betrachten der Vergangenheit ein. Eine unvermeidbare Gegenwartsperspektive entsteht. Diese Tatsache muß beim wirkungsgeschichtlichen Forschen mit in Betracht gezogen werden. Dies soll in dieser Stunde versucht werden.

Verlaufsskizze

1. Unterrichtsschritt

Am 4. Oktober 1669 ist Rembrandt gestorben. Weder in Amsterdam noch irgendwo sonst in oder außerhalb Hollands wird Rembrandts Ableben besonders vermerkt. Sechs Jahre nach Rembrandts Tod erscheint Joachim von Sandrarts „Teutsche Academie" (1675), drei Jahre später Samuel Hoogstraestens „Inleyding tot de Hooge Schoole der Schilderkonst" (1678). Beide halten es für notwendig über Rembrandt zu berichten. 1686 nimmt Filippo Baldinucci Rembrandt in seine Schrift „Cominciamento e progresso dell'arte" auf. Im Jahre 1718 erscheint Arnold van Houbrakens „Groote Schouburgh..." mit der weitläufigsten Lebensbeschreibung Rembrandts.
Aus zwei der vier ersten Rembrandtbiographien (Sandrart/Baldinucci) sind im Schülerarbeitsheft Ausschnitte abgedruckt, die zur Beurteilung Rembrandts durch seine Zeitgenossen im Vergleich gelesen werden sollen. Sandrart hat fünf Jahre (1637–1642) neben Rembrandt in Amsterdam gewirkt. Er hat über Rembrandt nur wenig zu sagen und bespricht lediglich seine Lebens- und Arbeitsverhältnisse. Er betrachtet Rembrandt vom Standpunkt eines in Rom geschulten akademischen Künstlers kritisch („Es ist fast zu bewundern, daß ... er auf eine so hohe Staffel ... gelanget"; „... er [hat] Italien und andere Örter ... nicht besucht, ... da er nur schlecht ... [hatte] lesen ... können"; „... scheute sich nicht, wider unsere [!] Kunstregeln ... zu streiten ..."; „... er [hat] doch seinen Stand gar nicht wissen zu beachten ..."; „Er hat aber wenig antike poetische Gedichte ... gemalt...") jedoch nicht ohne Respekt vor seiner Art („... fürtreffliche Rembrandt..."; „[es] ging ihm wegen Gültigkeit der Natur ... nichts ab"; „... vorgebend, daß man sich einzig und allein an die Natur binden solle ...";

„In der Nachbildung alter Leute zeigte er einen großen Fleiß"; „Er hat Sachen gemalt, die doch voller aus der Natur herausgesuchter Artigkeiten waren…").
Er erwähnt ausdrücklich die graphische Kunst Rembrandts und dessen Erfolg, kritisiert aber seine sparsame Verwendung des Lichts in den gemalten Bildern. Eine italienisch-römische Kunstanschauung läßt ihn voller Vorurteile an den nordischen Künstler herangehen.
Baldinucci (1624–1696) lebte in Florenz. Seit der Großherzog von Toskana, Ferdinand II., von einem Besuch in Rembrandts Atelier 1668 ein Selbstbildnis des Meisters mitgebracht hatte, erwachte auch in Florenz ein gewisses Interesse für die Kunst Rembrandts. Da Baldinucci an Kupferstich und Radierung besonders interessiert war, wurde auch er aufmerksam auf Rembrandt. Sein Informant ist der dänische Maler Bernhardt Keil, der zuerst als Schüler Rembrandts neun Jahre in Amsterdam zugebracht hatte, bevor er in Italien zur römischen Barockkunst überging. Sie wird zur damaligen Zeit ihrer klassisch anmutenden Monumentalität wegen zur stilistischen Norm erhoben. Dies wird auch bei Baldinucci deutlich, wenn er seine Biographie beginnen läßt mit der Bemerkung: „…ein Maler wahrlich von höherem Ansehen als wirklicher Größe…" oder die Nachtwache als „…so sehr verworren und durcheinander, daß man kaum eine Figur von der anderen unterscheiden kann…" kritisiert. Lob wird jedoch den Radierungen gespendet und als Eigenart Rembrandts erkannt. Als Kenner schildert er den Druckvorgang, die Möglichkeiten der Verlebendigung beim Wischen der Platte und verhält sich auffallend objektiv gegenüber den unterschiedlich behandelten Stellen auf der Platte (Linie/Schraffur), die auch den Gehalt des Hundertguldenblattes so wesentlich mitbestimmen. Es wird eine sich im 18. Jahrhundert bei der Einschätzung der Kunst Rembrandts fortsetzende Tendenz erkennbar, in der die Gemälde Mißfallen erregen, jedoch die Grafiken sich weiterhin allgemeiner Hochschätzung erfreuen (vgl. die Auffassung von Bredius, daß der Titel des Blattes auf das Preisangebot einer Auktion 1715 zurückgehen soll!).
A. v. Houbraken war ein niederländischer Schriftsteller (1660–1719), der die Malerei bei Samuel von Hoogstraeten – um 1642 Schüler Rembrandts – schlecht und recht erlernt hatte. Durch ihn erfuhr Houbraken viel Anekdotisches und manchen Atelierklatsch, den er auch getreulich in seiner Schrift „Groote Schouburgh der Nederlantsche Konstschilders…" 1718 aufzeichnete. Die Malerei Rembrandts kritisierte er aus der Sicht eines barocken Klassizisten noch heftiger als Baldinucci. Er findet nun auch die Spannung zwischen dem „kräftigen Clair-Obscure" und der nur „dünnen Linie und sonst nichts" verfehlt – von der Baldinucci noch ohne Wertung spricht:
„Aber es ist zu beklagen, daß er (Rembrandt) so geneigt zu Veränderungen oder so leicht abgelenkt von einer Sache zur anderen, so viele seiner Bilder und häufiger noch seine Radierungen nur halb ausführte, so daß nur die ganz ausgeführten Arbeiten uns eine Vorstellung geben können von all der Schönheit, die wir von seiner Hand besitzen würden, wenn er alles so wie er es begonnen, auch zu Ende geführt hätte. Dies ist insbesondere bei dem sogenannten ‚Hundertguldenblatt' ersichtlich…" – (hier taucht der Titel des Werkes zum ersten Mal in den Quellen auf!). Durch diese Textstelle und durch jene Stelle, auf die schon zuvor eingegangen wurde, regt sich nun der Verdacht, es könne sich hier um preistreibende Zweckbehauptungen handeln!
Der Lehrer läßt die Schüler die zwei Textstellen von Sandrart und Baldinucci im Schülerarbeitsheft lesen, spricht mit ihnen über ihren Eindruck der Einschätzung Rembrandts zwischen 1669 und 1686. Dann liest er den oben zitierten Text Houbrakens vor. Ist die ten-

denzielle Veränderung erfaßt, läßt sich eine erste Beurteilung wirkungsgeschichtlicher Aspekte für den Zeitraum der folgenden 100 Jahre wagen:

1. Rembrandts Werk insgesamt gerät in die zunehmende Tendenz, den klassizistischen Barock allerortens zu bevorzugen – und wird deswegen kritisiert.
2. Rembrandts Stellung als ‚bürgerlicher Künstler' ohne größere öffentliche Aufträge – im Gegensatz z.B. zu Rubens – läßt ihn in Vergessenheit geraten. Er wird nur unter Kennern gehandelt.
3. Rembrandts Grafik hingegen erfreut sich einiger Beliebtheit. Sie wird auch noch weiterhin öffentlich gehandelt.
4. Die politischen Ereignisse beeinflussen die Europa beherrschende französische Kunstanschauung (1715: Tod Ludwig XIV, Regence/Rokoko) und verändern die Kunstauffassung. Nicht mehr die Sache selbst ist schön durch Maß, Zahl und Proportion (Renaissance) sondern „das Schön-Gemachte" (Shaftsburry). Vergleiche hierzu auch z. B. Rembrandt, Selbstbildnis als Apostel Paulus, 1661 (Klett 94750) und J. G. Müller „Bildnis der Malerin", 1785. (Klett 94230).

Aus dem Vergleich der beiden Bilder wird deutlich, daß das in den Realismus Rembrandts eingelagerte Häßliche und Wunderbare im 18. Jahrhundert keine Chance hatte, als besondere Leistung eines Künstlers bewundert zu werden (vgl. Tafelanschrieb, Stundenblatt).

2. Unterrichtsschritt

Im folgenden wird bei Punkt drei der vorangegangenen Auflistung wieder angesetzt. Die Schüler sollen mit einer Merkwürdigkeit des Fortlebens von Druckgrafik allgemein und bei Rembrandt im besonderen bekannt gemacht werden. Es geht um die Frage, welche Gründe für die in Punkt drei des vorigen Unterrichtsschrittes getroffene Feststellung angeführt werden können, daß die Druckgraphik ‚allgemein beliebt geblieben' und ‚weiter gehandelt' worden ist!

Gründe könnten sein: Der größere Verbreitungsgrad (wogegen die größere Anfälligkeit spricht – Rahmung für Druckgraphik war damals nicht üblich) oder auch eine breitere Wirkung, die dem Vergessen entgegenwirkt. Nun berichtet der Lehrer über den Brauch, daß nach dem Tode eines Künstlers die Gemälde den Hinterbliebenen überlassen oder verkauft wurden, im Bereich der Druckgraphik aber die Druckstöcke und -platten zum weiteren Gebrauch meist Verlegern oder Druckern überschrieben wurden. So kam der (Schützen-)Kapitän Baillie vermutlich in den Besitz der Druckplatte des allseitig bekannten Hundertguldenblattes. Dies nutzte er weidlich aus, wie aus einem Text im Katalog der Druckgrafik Rembrandts (Text 51) entnommen werden kann.

Ist der Text gelesen und sind die kaufmännischen Aspekte besprochen, sollten die Schüler angehalten werden, sich das Hundertguldenblatt nochmals im Hinblick darauf zu betrachten, wie man es am besten in verschiedene kleinere Bilder hätte teilen sollen. Auf einer Fotokopie oder mittels Transparentpapier lassen sich Möglichkeiten skizzieren. Es lohnt sich auch darüber nachzudenken, warum es bei einer so vielschichtigen Komposition überhaupt möglich sein kann, Teilbilder herauszulösen. Hier müßte auf die Arbeit Bezug genommen werden, die die inhaltlichen Gruppierungen in einen formalen Zusammenhang bringen sollte (vgl. 8. Doppelstunde, 8. Unterrichtsschritt, 2. Arbeitsauftrag im Stundenblatt!). Die Teilbilder sollten auch im Hinblick auf eine Zuordnung zu Bildgattungen betrachtet werden. Es stellt sich dann heraus, daß vier der fünf ‚Teilungen' Baillies mit Sicherheit dem Genre zuzuordnen sind und nur das Mittelbild dem Historien- oder Andachtsbild wesentlich näherkommt – weswegen Baillie auch dieses

Motiv nochmals bearbeitet und weiter vertrieben hat. Im Sinne der damaligen Zeit legte er auf die werkgetreue Reproduktion wenig Wert, sondern hatte eher den Absatz im Auge. Davon zeugt schließlich der vollständig abgedruckte Zustand der Platte. Es müßten ca. zwischen 800 und 1500 Abzüge gemacht worden sein!
Nun ist beantwortet, aus welchem Grunde (neben anderen Gründen) Rembrandts Grafik länger im Gedächtnis blieb.

3. Unterrichtsschritt

Im folgenden soll mit den Schülern die Wirkung Rembrandts bis auf den heutigen Tag an ausgewählten Textstellen verfolgt werden. Da es sich um eine Auswahl handelt, kann sie jederzeit gekürzt oder auch durch andere Texte ergänzt werden. Hier werden zwei Texte von Goethe vorgestellt, um die langsame Wende der Anschauungen über Rembrandt zu Beginn des 19. Jahrhunderts zu verdeutlichen.
Dann wird der Text eines französischen Kunsthistorikers (E. Faure) zur Jahrhundertwende vorgestellt, um einen Eindruck von dem Geniekult zu geben, der auch mit Rembrandt getrieben wurde. Hierzu wird auch die Abbildung einer Radierung von Vallotton, 1889, herangezogen.
Ein weiterer Text, von einem Kunsthistoriker um 1930 verfaßt (F. Schmidt-Degener), soll zeigen, wie sehr man nun beginnt, Rembrandt wissenschaftlich zu erforschen und entsprechend zu relativieren – sowohl was den Menschen und sein Können als auch die Einschätzung seines Werkes anbelangt.
Schließlich ist der Textauszug eines Wissenschaftlers gewählt (S. Slive), der um 1953 nach dem Sinn des historischen Forschens überhaupt fragt. Geht uns das an, was Zeitgenossen über ihn dachten?
Wer wenig Zeit hat, sollte lediglich den letzten Text zum Gegenstand eines Gespräches machen. Durch ihn läßt sich die Einführung in die historischen Methoden noch einmal reflektieren und abschließend zusammenfassen (s. auch folgender Unterrichtsschritt).
Den ersten Text schrieb Goethe 1776 nieder, zu einer Zeit also, in der er stark von der Sturm- und Drang-Bewegung beeinflußt war. Den zweiten verfaßte er 40 Jahre später in Auseinandersetzung mit dem Klassizismus.
Warum kommt Goethe auf Rembrandt zu sprechen und wie stellt er ihn dar?
Der junge Goethe nimmt lebhaften Anteil an der damaligen Auseinandersetzung zwischen französischer Kunstauffassung (Regel, Maß, Intellekt) und der englischen Ursprünglichkeit, Natürlichkeit, Empfindung). Der Kronzeuge letzterer Auffassung wird Shakespeare, der ‚Dichter der inneren Form'. So sieht Goethe auch in Rembrandt plötzlich nicht mehr den Unbeherrschten, der die (französisch-klassizistischen) Regeln verletzt, sondern den, der sich seiner Gegenwart mit Natürlichkeit und Empfindung zuwendet („Das Haften an ebendenselben Gegenständen, an dem Schrank voll alten Hausrats und wunderbaren Lumpen...") Freilich stuft er ihn noch mehr als Spezialisten und nicht als überragendes Genie ein.
Dies beweist auch der spätere Text, wo auf „Nationaleigentümlichkeit" abgehoben wird, die damals als ein Ausfluß des ursprünglichen und natürlichen Lebens eines Volkes verstanden wurde (Herder, Humboldt). Verwundert, aber nicht negativ bewertend, vermerkt der alternde Goethe, daß Rembrandt zu einem „höchsten Künstlertalent" heranwachsen konnte, ohne den Griechen und Römern den (modisch-klassizistisch humanistischen) Tribut zu zollen. Doch Goethe spricht von Talent – nicht Genie – und sieht Rembrandt eher als einen begabten Ostade und nicht als den universalen Künstler, der ja gerade die Grenzen des Holländischen zu sprengen vermochte und deswegen auch in gesellschaftliche Schwierigkeiten geriet (vgl. dazu 9. Doppelstunde, Text 47). Dennoch

tragen Goethes Bemerkungen über Rembrandt dazu bei, die Bewertung der Rembrandtschen Kunst im 19. Jahrhundert zu revidieren.

Die Umstände der Rembrandt-Rezeption um 1800, aus dem Text nicht immer unmittelbar zu entnehmen, lassen sich nur im gemeinsamen Gespräch bearbeiten.

Der Text des Kunsthistorikers E. Faure, 1909 abgefaßt, gibt den Höhepunkt der Rembrandt-Aufwertung im Verlauf des 19. Jahrhunderts wieder:

Er ist das (rationalen Zugriffen nicht zugängliche) Genie – auf gleicher Stufe mit Michelangelo und Beethoven! Diese Einstellung teilten auch eine Vielzahl der Künstler des 19. Jahrhunderts, die ihrerseits nun der Kunst Rembrandts nacheiferten, Bilder in der „braunen Soße" (Liebermann) der Rembrandt-Zeit malten und sich auch mühten aus seiner Druckgraphik zu lernen. Eines der – noch einigermaßen positiv ausgefallenen – Beispiele ist hier abgebildet: Der junge Vallotton (1865–1925) versucht sich im Portraitieren des großen Vorbildes (1889). Er bemüht sich, die Bildauffassung und Technik Rembrandts zu übernehmen, gerät dabei jedoch in einen Realismus, der ganz anders und im ganzen so behäbig wirkt, wie keine der Radierungen Rembrandts!

Mit den Schülern sollte dies im Vergleich von Text und Bild bei gleichzeitiger Betrachtung des Hundertguldenblattes möglichst genau erörtert werden (vgl. Tafelanschrieb, Stundenblatt).

Ein weiterer Text stammt von F. Schmidt-Degener (1930) aus Betrachtungen über unterschiedliche Themen der Kunstforschung. Er sieht Rembrandt nicht als ‚das Genie aus einem Guß' sondern entdeckt „in ihm ... eine Fülle von Gegensätzen, die sich auf geheimnisvolle Weise zu einer Persönlichkeit zusammengeschlossen haben". Er vermag Rembrandt zunächst aus sich selbst, mit all seinen Widersprüchen, Regellosigkeiten, Einfällen und jeglichem Mangel an Routine zu erklären: „Man studiere sein Werk sorgfältig und versichere uns dann, was er in erster Linie war: Realist sagt der eine, Idealist der andere." Mit diesem Satz beseitigt Schmidt-Degener die „Bestimmungsnot" Vorausgegangener und führt, wie in seinen Betrachtungen nachzulesen, auf die Problematik einer in sich nicht einheitlichen Zeit zurück: „So stand Rembrandt also im Zwiespalt seiner Zeit: Der Neo-Barock führt das Formstudium der Renaissance weiter – und leidenschaftlich hat Rembrandt daran mitgewirkt; aber mit diesen Erwägungen des Verstandes liegt ein unbewußter Drang nach Tieferem im Streit, die wiederaufstrebende mittelalterliche Tradition gab dazu die Mittel in die Hand."

Der Fortschritt bei Schmidt-Degener liegt in der Anwendung der historischen Methode: alle Vorherigen haben mehr oder weniger aus sich heraus und ohne Beachtung des historischen Ortes, der Zeitspanne, in der Rembrandt lebte, geurteilt. Schmidt-Degener jedoch ist in der Lage – nachdem z. B. H. Wölfflin den Barock als eigenwertigen Stil und M. Dvořák das Stilwollen des Künstlers als wesentliches Moment künstlerischer Produktion erkannt hatte – vom Gegenwärtigen zum Vergangenen ohne Wertung überzuwechseln.

4. Unterrichtsschritt

Der Text von S. Slive stellt die zentrale Frage in diesem Zusammenhang noch einmal neu: Was bringt es uns heute, wenn wir wissen, wie in vergangenen Zeiten über eine Sache gedacht wurde?

Der Verfasser S. Slive, historisch Forschender wie Schmidt-Degener, sieht klar die gegenwärtige Bedeutung des Werks, seines Formbestandes und auch, daß das Erfassen des Werkes Grundlage sein muß, wie es im Wölfflin-Text der ersten Stunde schon gefordert und im folgenden dann geübt wurde. Aber er sieht ebenso klar, daß im ‚Lesen eines Werkes' Wirkungen enthalten sind, die sich wandeln und immer wieder interpretiert werden müssen – aus einer anderen gegenwärtigen Situation heraus. Und in diesem fortwährenden Wandel gibt es nur einen einzigen Haltepunkt: „... dieses Werk vor dem Hintergrund des organischen Kulturzusammenhangs zu sehen, in dem es geschaffen wurde". Wer dies unterläßt, verliert den Zugang zum Kunstwerk – es wird entweder nur durch gegenwärtige Betrachtungsweise angeeignet oder historisches Rudiment.

Wurden die Schüler auf diese Weise zur Reflexion über die historische Methode angehalten, werden nun in den folgenden Stunden die Möglichkeiten untersucht, Vergangenheit und Gegenwart methodisch aufeinander zu beziehen.

In einem Test oder durch Hausaufgabe kann das Wissen der Schüler über die historische Methode überprüft, bzw. der Schüler kann zu den methodischen Forderungen wissenschaftlichen Arbeitens Stellung nehmen.

11. Doppelstunde: Das Verstehen eines Werkes aus seinen historischen Bedingungen. Das hermeneutische Verfahren

Ziel

Die Schüler sollen Fehlstellen der historischen Methode kennenlernen und daraus individuelle Folgerungen für das methodische Vorgehen ziehen lernen.

Teilziele

- Die Schüler sollen die Notwendigkeit der Interpretation von historischen Tatsachen erkennen.
- Die Schüler sollen aus der Notwendigkeit, historische Tatsachen interpretieren zu müssen, Fehlstellen dieser Methode entwickeln können.
- Die Schüler sollen das ‚hermeneutische Verfahren' als eine Möglichkeit kennenlernen, sich der Fehlstellen bewußt zu werden, um darauf methodisch reagieren zu können.

Materialien

Reproduktionen von:

- Pablo Picasso (1881–1973): Guernica, Öl auf Leinwand, 351 × 716 cm, 1937, Madrid, Prado (s. Bildtafel)
- Radierung von P. Picasso (1881–1973) für ‚La Minotauromachie', 49,8 × 69,3 cm, 1935, Im Besitz des Künstlers (S. 20)
- Zeichnung von P. Picasso (1881–1973), 1. Skizze zum Guernicabild, 1. 5. 37, 20,9 × 26,9 cm (S. 20)
- Bleistiftstudie für Guernica, 8. 5. 37, I, 24,1 × 45,4 cm (S. 21)
- Bleistiftstudie für Guernica, 9. 5. 37, 24 × 45 cm (S. 21)
- Guernica, Öl auf Leinwand, 11. 5. 37, sog. 1. Zustand, 351 × 782 cm (S. 21)
- Guernica, Öl auf Leinwand, undat. sog. 3. Zustand (S. 22)
- Guernica, Öl auf Leinwand, undat., sog. 5. Zustand (S. 22)
- Bleistiftstudie von P. Picasso, ‚Stierkopf', 20. 5. 1937, 23 × 29 cm (S. 23)

Textauszüge aus:

- H. Seiffert: Marxismus und bürgerliche Wissenschaft, München 1977, S. 49 f. (Anlehnung an diesen Text) (Text 56)
- D. E. Zimmer: Tod und Fortleben einer Stadt. Die Zeit, Nr. 19, 29. April 1977 (Text 57, 64)
- P. Fingesten: Stichwort, Picasso. In: Wör-

terbuch der Symbolik, Hrsg. von M. Lurker, Stuttgart 1979. S. 448 f. (Text 58)
- R. Arnheim: Picassos Guernica. Entstehung eines Bildes. München 1964, S. 33 (Text 59)
- R. Penrose: Picasso – Leben und Werk. London 1958, München 1961, S. 282 f. (Text 60)
- S. V. Marrero: Picasso and the Bull. Chicago 1956. Zitiert nach: Arnheim, op. cit. S. 27 f. (Text 61)
- J. Larrea: Guernica. Pablo Picasso. New York 1947. Zitiert nach: Arnheim, op. cit. S. 28 (Text 62)
- Wörterbuch der Symbolik. Hrsg. M. Murker, Stuttgart 1979, Begriff ‚Stier', S. 7, 117, 261, 318, 375, 492, 523, 641 (Text 63)

Bleistift, Transparentpapier

Bezugsliteratur

- H.-G. Gadamer: Wahrheit und Methode. Grundzüge einer philosophischen Hermeneutik. Tübingen 2. Aufl. 1965
- W. Boeck: Picasso. Stuttgart 1955
- A. Blunt: Picasso's Guernica. London Oxford UP 1969

Die folgende Stunde läßt sich unterschiedlich für Methodenfragen nützen. Es wäre z. B. durchaus möglich,

1. die Bearbeitung von Picassos Guernica ganz den Schülern zu überlassen (je eine Gruppe für Entstehungs-, Herstellungs- und Wirkungsgeschichte), um damit eine Sicherung des Gelernten zu erreichen;
2. auf der Basis einer allgemeinen Einführung in historische Methoden hier nun speziellere Probleme anzugehen und historische Vorgehensweisen zu differenzieren.

Der zweite Weg soll hier beschritten werden. Die Darstellung des ersten Vorgehens wurde unterlassen, da es von der jeweiligen Klassensituation abhängig ist. Zudem wären evtl. noch weitere Sekundärquellen notwendig. Das Material im Schülerarbeitsheft wurde deshalb – entsprechend des zweiten Weges – schwerpunktmäßig auf die Methodendifferenzierung hin ausgewählt.

In dieser Stunde geht es darum, eine Schwierigkeit innerhalb des historischen Vorgehens zu erkennen, die aus dem Spannungsverhältnis von Vergangenheit und Gegenwart entsteht. Vor allem zwei Gesichtspunkte lassen es notwendig erscheinen, diesem gespannten Verhältnis besondere methodische Aufmerksamkeit zukommen zu lassen:

1. Grundforderung jedes historischen Vorgehens ist es, sich möglichst lückenlos in die vorhandenen Primär- und Sekundärquellen einzuarbeiten, ehe man an die Darstellung und Erklärung der vergangenen Vorgänge geht. Nun ist das Quellenmaterial aber z. B. zum Thema ‚Rembrandt und seine Zeit' so umfangreich, daß es dem Einzelnen kaum möglich ist, alle Gesichtspunkte gleichzeitig zu berücksichtigen. Der Forschende wird also auswählen müssen – wie es im Groben ja hier schon geschehen ist. Schon darin liegt aber eine Verfälschung der historisch gewordenen Ereignisse, die (wie in der 6. Doppelstunde an Vermeer gezeigt) der gegenwärtig Forschende erzeugt. Die Frage ist, ob das hingenommen werden muß.
2. Geschichtliches Forschen kann nicht einfach bei der Feststellung von Tatsachen stehenbleiben, wenn sein Ziel das Erklären historischer Tatsachen sein soll. Wie aber kann sich ein heute Lebender unter Hintanstellung aller sein Leben und Denken bestimmenden gegenwärtigen Einflüsse nur als Medium geschichtlichen Denkens verstehen, wenn von ihm doch auch gleichzeitig immer wieder eine Stellungnahme zu den historischen Tatsachen gefordert wird, in die sein eigenes Denken ja miteingehen muß?

Diese Fehlstellen der historischen Methode versuchen Wissenschaftler im allgemeinen auf dreierlei Arten zu umgehen:

- entweder benutzen sie semiotische Methoden, von denen einige glauben, daß sie in der Lage sind, die Anteile subjektiver Beeinflussung methodisch auszuschließen (vgl. Anhang 13. Doppelstunde);
- oder sie bedienen sich einer Geschichtsauffassung, die vergangenes und gegenwärtiges Denken mittels Ideologiekritik in ein auf die Zukunft gerichtetes politisches Handeln ummünzt (vgl. 12. und 13. Doppelstunde);
- oder sie wählen ein Verfahren, das die subjektiven Erfahrungen des Einzelnen bejaht und welches unter dem Begriff der ‚Hermeneutik' allgemein bekannt geworden ist.

In dieser Doppelstunde sollen die Schüler in das hermeneutische Verfahren eingeführt werden. Was ist darunter zu verstehen?
Unter ‚Hermeneutik' versteht man allgemein die Kunst des Erklärens und Auslegens. Das Wort leitet sich von dem Götterboten Hermes her, der die Botschaften der Götter den Menschen überbrachte. Sein Verkünden beschränkte sich aber nicht auf ein bloßes Mitteilen des Wortlautes sondern auch auf ein Erklären und Auslegen der göttlichen Ratschlüsse, um sie den Sterblichen verständlich werden zu lassen. Die Aufgabe der Hermeneutik besteht daher grundsätzlich immer darin, einen Sinnzusammenhang aus einer anderen Welt (Vergangenheit) in die eigene (Gegenwart) so zu übertragen, daß die Heutigen den Sinn des Damaligen begreifen.
Die methodischen Überlegungen sind dann – zusammengefaßt – etwa folgende:
Jeder heute Lebende hat immer schon ein alltägliches – und sicher unvollkommenes – Verständnis von einer Sache. Dieses nennt der Hermeneutiker das *Vorverständnis*. Durch Studium der Quellen verschafft er sich nun ein *systematisches* Vorverständnis. Durch Entwurf eines Interpretationsansatzes und z. B. Kenntnisnahme weiterer notwendiger Quellen zur Absicherung des eigenen Entwurfes wird der endgültige Kenntnisstand, der der jeweiligen forschenden Person eigen ist, erreicht (vgl. z. B. Angaben über die gelesene Literatur in jeder wissenschaftlichen Abhandlung!). An den Grenzen zum Nichtwissen werden *Hypothesen* formuliert, allerdings immer mit der Grundhaltung, das Aufstellen von Hypothesen soweit wie möglich zu vermeiden und derartige Zweifelsfälle schon durch spezifisches und immer gründlicheres Quellenstudium zu beseitigen. So lassen sich illegale (durch genauere Kenntnis des Quellenmaterials unnötige) Hypothesen von den legalen Hypothesen unterscheiden, an deren endgültigem Beweis die Wissenschaftler zu arbeiten haben.
So wäre z. B. die Hypothese, Rembrandt sei nicht mehr und nicht weniger als einer der vielen Vertreter der bürgerlich-holländischen Kunst des 17. Jahrhunderts eine illegale Hypothese, weil durch das Studium von Zeit, Leben und Werk Rembrandts an Hand der vorhandenen Quellen das Gegenteil bewiesen werden kann. Hingegen ist z. B. das Atommodell von Bohr eine der fruchtbarsten legalen Hypothesen gewesen, die es für die Atomphysik gegeben hat.
Diese Problematik, zwischen einer legalen und illegalen Hypothese unterscheiden zu müssen, läßt sich nun an dem Bild „Guernica" von Picasso für Schüler gerade noch einsichtig – wenn auch abgekürzt – bearbeiten.

Verlaufsskizze

1. Unterrichtsschritt

An Hand des Textes 56 werden die Schüler in das methodische Problem eingeführt.
Im ersten Abschnitt wird die Grundeinstellung des historisch Forschenden gewissermaßen auf eine Formel gebracht, in der sich die

Probleme bei der Durchführung verbergen. Auf sie ist – in Anlehnung an die Unterrichtsgespräche bei der Erarbeitung des Hundertguldenblattes – nun hinzuweisen. Wie soll man etwas ,angemessen erfassen', ohne etwas zu benachteiligen und zu bevorzugen, wenn

a) aus den Quellen ausgewählt werden muß, und
b) derjenige, der wählt, zudem noch in einer anderen Zeit lebt?

Dies wird den Schülern nun an Hand des Begriffs ,hermeneutisches Verstehen' erklärt (siehe Tafelanschrieb, Stundenblatt).

Die Quintessenz hermeneutischen Verstehens ist, das geschichtlich Gewesene zu erforschen und in unsere gegenwärtigen Verstehensmöglichkeiten zu übersetzen. Der Historiker erklärt also eher, wie diese oder jene Begebenheit damals hat geschehen können, der Hermeneutiker fragt (auf der Basis seiner gegenwärtigen Erfahrungen), wie man vergangene Tatbestände heute verstehen kann und schlägt dazu eine Interpretation vor, die an seine Erfahrungen gebunden bleibt, ohne jedoch die historischen Tatsachen zu verletzen. Diese Grundhaltung ist in dem letzten Satz des Textes angedeutet.

2. Unterrichtsschritt

Es soll nun unter methodischem Gesichtspunkt verfolgt werden, wie gewisse Teile des Bildes von Picasso, durch die Zerstörung der Stadt Guernica veranlaßt, zu interpretieren sind. Hierzu werden die Schüler mit dem Text „Die Zerstörung Guernicas und die Reaktion Picassos" bekannt gemacht.

Es müssen folgende Erklärungen zum Verständnis der Situation gegeben werden:

Mit Bürgerkrieg ist der Spanische Bürgerkrieg (1936–1939) gemeint, in dem nationalistische / konservative / katholische Kräfte des Landes gegen die sozialistisch-liberal eingestellte Republik nach einem Wahlsieg der Linken 1936 und der Ermordung eines Rechtspolitikers rebellierten. Verschärft wurde der Konflikt durch die zentralistisch eingestellten Großgrundbesitzer und die autonomistisch denkenden Bauern und Arbeiter. Sieger blieben die aufständischen Nationalisten unter Franco. 1937 war es Franco nicht gelungen, Madrid zu erobern. Er wendete sich gegen das Baskenland. Im Zusammenhang mit dieser Offensive wurde Guernica mit Hilfe deutscher Truppen (Legion Condor) aus der Luft zerstört.

Pablo Picasso, 1881 in Spanien als Sohn spanischer Eltern geboren, lebte die meiste Zeit seines Lebens in Frankreich. Er hat nie seine spanische Abstammung vergessen und war kaum ein – im engen Sinne – politischer Mensch. Er wurde nur häufig als Instrument einer prokommunistischen Propaganda gebraucht (vgl. z.B. Friedenstaube, Lithographie 1948). 1936, noch in Kontakt zu linksgerichteten surrealistischen Kreisen, wurde er auf Grund einer Ausstellung in Spanien aus propagandistischen Gründen von den Republikanern zum Direktor des Prado-Museums ernannt!

Als Pariser Freunde sich freiwillig an die Front in Spanien begaben und seine Familie bei Barcelona bedrängt wurde, wollte auch Picasso seine politischen Sympathien offenlegen und sagte im Herbst 1936 zu, sich an der Ausstattung des spanisch-republikanischen Pavillons auf der Pariser Weltausstellung 1937 zu beteiligen. Im Januar hatte er eine Radierung angefertigt, die zur Unterstützung von ins Elend geratenen Spaniern verkauft werden sollte (die Radierfolge „Francos Traum und Lüge", später zusammengestellt, enthält auch dieses Blatt [vgl. Klett-Galerie 94241]). Weiter geschah zunächst nichts. Dies entspricht einer Eigenart Picassos, der oft durch Nichtstun eine Inspiration bekam und dann von einer fast hektischen Produktivität ,befallen' wurde.

Die Zerstörung Guernicas ließ die Dämme brechen: er malte ein Bild, dem sich niemand entziehen konnte. Die Wirkung auf die Ausstellungsbesucher glich einem Schock. Auch nachdem die republikanische Sache, der das Gemälde gegolten hatte, verloren war, blieb die Idee gültig (vgl. R. Penrose).

Der Text dient der Einstimmung des Schülers in Aspekte der Entstehungsgeschichte. Bedeutsam für den Fortgang der Untersuchung sind zwei Dinge, die herausgehoben werden müssen:

1. das stets spanische Empfinden, das Picasso an den Tag legte und (im Zusammenhang damit)
2. die Textstelle am Ende, in der von dem ‚heiligen Ort' gesprochen wird, der Guernica in der spanischen Geschichte war.

Dann wird das Bild Guernica betrachtet und darüber gesprochen, was Stoff und Inhalt des Bildes sein könnte. Das, was die Schüler gemeinsam als ‚alltägliches Vorverständnis' identifizieren, wird an der Tafel stichwortartig festgehalten.

3. Unterrichtsschritt

Im folgenden nun wenden sich die Schüler Aspekten der Herstellungsgeschichte zu. Es ist hier wohl wie bei keinem anderen Bild der Moderne möglich, dem künstlerischen Denken des Malers zu folgen, was z. B. auch Arnheim versucht hat. Hier soll die Betrachtung zwar das Werden des Ganzen berücksichtigen, sich aber vor allem mit der Stellung des Stiers in den Kompositionen beschäftigen. Hierzu ist wichtig zu wissen, daß Picasso sich schon seit 1935 mit Darstellungen von Stierungeheuern beschäftigt hat (vgl. die Radierung „La Minotauromachie", 1937). In diesem Bild – wie in der gesamten Folge der Minotauromachie – erscheinen die Absichten der Bestie oft zweideutig. In einigen Fällen wird der Stier wütend gegen Wehrlose dargestellt und symbolisiert das Gewalttätig-Böse, in anderen Darstellungen ist er nur der Starke, oder er ringt verspielt mit seinem Rivalen, dem Pferd, oder er zeigt sich gegenüber einer schönen Amazone von der sinnlichen Seite. Welche Bedeutungen hat nun der Stier bei der Entstehung des großen Wandbildes?

Die erste Skizze zum Guernica-Bild überhaupt zeigt ihn auf der rechten Seite in einer Haltung, die der gegenüber einem (nicht sichtbaren) Matador während eines Stierkampfes gleicht.

In der Studie vom 8. 5. 1937 wird er in die Bildmitte gerückt. Er symbolisiert offenbar Kraft und Männlichkeit, vor und neben ihm Sterben und Schmerz.

In der Studie vom 9. 5. 1937 nimmt er eine Aufmerksamkeitshaltung ein, wie bei Stierkämpfen, wenn er das rote Tuch erblickt. Daß er erregt ist, zeigt die Stellung des Schwanzes. Im Bildganzen – noch fast in Mittelstellung – tritt er doch etwas zurück und ordnet sich ein.

In der Abbildung: 1. Zustand wird er eher zur Hintergrundstaffage, da sich im Vordergrund ein neues Motiv – die Faust – als Pendant zu Lichtträgerin und Lampe ankündigt. Zum ersten Mal wird er in direkten Kontakt zu der wehklagenden Mutter mit ihrem toten Kind gebracht.

In der Abbildung: 3. Zustand bleibt er in der gleichen Position, trifft aber optisch wieder stärker hervor, weil das Faustmotiv aufgegeben wurde. Stier und Pferd rücken enger zusammen.

In der Abbildung: 5. Zustand werden Stier und Pferd gleichwertig behandelt. Das Pferd in schmerzhafter Bewegung, der Stier in fast majestätischer Ruhe und Unbeweglichkeit. Durch eine Drehung um 180 Grad allerdings wird nun seine Aufmerksamkeitshaltung und höchste innere Erregung wieder deutlich, wie in der Studie vom 9. 5. 1937! Diese Stellung nimmt er, nur bereichert um einige lineare Details, auch im Wandbild selbst ein. Hinzugetreten ist eine Verdeutlichung des Männlichen, die ab dem 2. Zustand des Wandgemäldes fehlte.

Diese Beobachtungen sollten an der Tafel

aufgelistet werden (vgl. Tafelanschrieb Stundenblatt). Es lohnt sich auch, Kompositionsskizzen anfertigen zu lassen. Im ersten Zustand des Wandbildes können von Picasso eingezeichnete Kompositionslinien deutlich abgelesen werden!
Aus den Auflistungen wird deutlich, daß der Stier mehrfach seinen Standort und seine Haltung während der Herstellung der Bildkonzeption gewechselt hat. In der Endfassung wird der Standort der ersten Skizze wiedergefunden, nur durch die Kopfdrehung besser mit der Mitte des Bildes verbunden. Auch die Gefühlsskala wechselt, doch nicht so, daß sich eindeutig entscheiden ließe, welche Bedeutung der Stier hat. Selbst die Zuordnung zu Mutter und Kind läßt sich als Zeichen männlicher Kraft oder auch Brutalität ausdeuten. Eine inhaltliche Beziehung zwischen linkem und rechtem Flügel (Innenraum/Außenraum; Schöpferkraft/Zerstörung) ist nicht eindeutig (totes Kind!). In diesem Stadium des Entwurfs einer Interpretation scheint es ratsam, noch andere Quellen zur Kenntnis zu nehmen, um eine ‚illegale Hypothese' über die Bedeutung des Stiers möglichst zu vermeiden.

4. Unterrichtsschritt

Welche Bedeutung wurde dem Stier in anderen Interpretationsansätzen gegeben?
Um diese Frage beantworten zu können, sind die zwei Texte – Bildinterpretationen von Fingesten und Arnheim – zu lesen und zu vergleichen.
Der Text von Fingesten – aus einem Lexikon der Symbole – betont und übertreibt symbolische Bezüge. Die Herstellung solcher Bezüge die Darstellungen Picassos betreffend, müßten erst noch überprüft werden (vgl. Tafelanschrieb, Stundenblatt).
Der Text von Arnheim – erstellt durch eine langwierige, vor allem dem Gestaltungsvorgang nachspürende Analyse der Entstehung des Bildes – geht den umgekehrten Weg: Der Autor versucht, symbolische Zuordnungen weitgehend zu vermeiden und sagt nur etwas über das Sichtbare aus. Im Stier sieht er nur das Männliche, Unangreifbare, Kräftige (vgl. Tafelanschrieb, Stundenblatt).
Die Schüler verfügen nun über ein (freilich sehr abgekürztes) systematisches Vorverständnis. Hier befindet sich das methodische Vorgehen am Scheidewege: Soll man dem Ansatz von Fingesten (Ausdeutung mit Hilfe symbolischer Tradition) oder von Arnheim (Offenheit gegenüber Bedeutungen, orientiert am Sichtbaren) folgen und eine eigene Interpretation bereits versuchen, oder soll man es überhaupt aufgeben, zu einer Klärung der Bedeutungsfrage zu kommen?

5. Unterrichtsschritt

Der Lehrer weist darauf hin, daß nun, entsprechend dem hermeneutischen Vorgehen, die Möglichkeit besteht, den Entwurf einer Interpretation durch erneute Kenntnisnahme weiterer Quellen im Ansatz zu festigen. Dazu werden nun drei Texte im Schülerarbeitsheft benutzt:
Reaktionen der Öffentlichkeit (R. Penrose),
Interpretationen der Stierfigur (S. V. Marrero; J. Larrea).
Im ersten Text (R. Penrose) berichtet ein Freund Picassos und Zeuge der Vorgänge um den Pavillon der Republik Spanien über die Wirkung, die das Bild auf die Öffentlichkeit 1937 hatte. Es kommt beim Lesen des Textes nur darauf an, festzustellen, daß die Reaktionen auf das Bild sehr verschieden waren und daß dies nicht allein wegen der recht unterschiedlichen politischen Einstellung zum spanischen Bürgerkrieg und verschiedener Erwartungen an das Bild geschah, sondern auch, weil die Aussage Picassos auf Anhieb nicht eindeutig ablesbar ist (dies ist ein durchgehender Zug der Picassoschen Bildmethaphorik!). Was also stellt das Bild nun wirklich dar, was bedeuten Pferd und Stier?
Zwei Interpreten des Bildes (Marrero/Lar-

rea), Spanier wie Picasso selbst und deswegen mit der spanischen Denkart und der Bedeutung der Stiersymbolik für dieses Volk eng vertraut, kommen dennoch zu genau entgegengesetzten Deutungen.
Für Marrero ist der Stier ‚abstoßend', ‚drohend', ‚vergewaltigend' – also ein Symbol männlicher Gewaltsamkeit?
Für Larrea ist der Stier voller Wut, als werde er losbrechen, wie ein Symbol des spanischen Volkes, und als Totem eher leidenschaftslos verherrlicht – also ein Symbol völkischen Selbstverständnisses, in dem das Männliche eher einen kraftvollen Charakter annimmt?
Aus der Gegenüberstellung der verwendeten Begriffe und Adjektive (vgl. Tafelanschrieb, Stundenblatt) wird deutlich, daß weder der eine noch der andere recht zu haben braucht. Nimmt man nun an, dies wäre der ‚endgültig letzte Stand' aller erreichbaren Meinungen, so stehen die Schüler nun vor der Notwendigkeit, sich – im Sinne der hermeneutischen Verfahrens – durch genauestes Quellenstudium selbst eine Hypothese aufzustellen. Sie muß den Tatbeständen (vgl. 2. Unterrichtsschritt!) bei Entstehung und Fertigstellung des Bildes entsprechen und ebenso der Einsicht des Interpreten.

6. Unterrichtsschritt

Es wäre nun möglich, weitere Deutungen von anderen Wissenschaftlern zu studieren. Dies alles würde zwar die Einsicht unterstützen, daß es sich offensichtlich um eine Doppeldeutigkeit handelt – doch Beweiskraft hätte dies alles nicht. Es führt weiter, sich über die vielen möglichen Bedeutungen der Stiergestalt im Verlauf der abendländischen Geschichte zu informieren. Nur so läßt sich feststellen, ob Doppeldeutigkeit der Stiergestalt die Erfindung einer bestimmten Zeit ist (z. B. Picassos selbst!) oder ob man diese Verbindung von Gewaltsamem und Kraftvollem, Zerstörerischem und Fruchtbarem schon früher findet. Hierzu ist der Text „Symbolgehalte des Stierbildes" bestimmt. Er stellt eine kurzgefaßte Auswahl von Symbolgehalten des Stierbildes verschiedener Kulturen zur Verfügung. Die Schüler sollen nun das Material bearbeiten, und für sich eine Hypothese formulieren.

Im Text können folgende Begriffe zu Verständnisschwierigkeiten führen:
- *transzendentes Urbild:* die immateriell vorhandene Idee einer Gestalt, die das Wesen des vorhandenen Gegenstandes ausmacht.
- *Dionys* = (lat.) Bacchus, Gott des Weines und des drängenden Lebens in der Natur, durch den deren zeugende Kraft für die Antike Gestalt gewann.
- *Europas Raub* = Europe, Tochter des phoinikischen Königs Agenor, von Zeus nach Kreta gebracht, um sich mit ihr zu vermählen. Nach ihr dieser Erdteil benannt.
- *kosmogenetischer Mythos:* Sage von der Entstehung der Welt
- *eschatologische Hoffnung:* auf das Endschicksal von Mensch und Welt bezogenes positives Denken
- *Shiva:* einer der Hauptgötter der Hindus, einerseits Gott der Zerstörung, andererseits ein Heilbringer; sein Symbol ist der Phallus, sein Wohnsitz ein Berg im Himalaya, sein Reittier der Stier.

Es wird angebracht sein, die Textbearbeitung in Kleingruppenarbeit (jeweils 3 Schüler) durchzuführen. Beim Vortragen der Ergebnisse werden sich unterschiedliche Hypothesen ergeben. Sie müssen von der Klasse auf ihre Legalität, d. h. auf das Nichtvorhandensein eines Widerspruchs zu den Quellen (Bild), überprüft werden.

7. Unterrichtsschritt

Nachdem man sich für die eine oder andere Hypothese ihrer Wohlabgewogenheit wegen oder wegen der Möglichkeit, seine eigenen

Formulierungen darin wiederfinden zu können, entschieden hat, kann nun der häufig auftretende Fall des nachträglichen Auftauchens einer bisher unbekannten Quelle durchgespielt werden.
Was geschieht, wenn in der ‚Zeit' ein Artikel über das Bild Guernica von D. E. Zimmer ‚entdeckt' wird (siehe Textausschnitt im Schülerarbeitsheft)? Zunächst wird deutlich, daß der Autor der Quelle offensichtlich auch über den ‚Quellenstand' der Symbolgehalte in Guernica und die Diskussion darüber unterrichtet ist. Beim historischen Forschen gelten solche Quellen als ‚verläßlich', da aus ihnen hervorgeht, daß sie die Möglichkeiten bisheriger Interpretation kennen.
Bei der Beurteilung der Aussage Picassos könnten sich dann zwei Reaktionsmöglichkeiten ergeben:
Am einfachsten wäre es zu sagen: Na also, wenn der Künstler selbst das so sagt, wird es wohl auch stimmen. Nun liegt also die Bedeutung fest!
Die schwierigere, freilich auch verantwortungsvollere ist, auch dieser Aussage nicht unbedingt zu trauen. Warum? Die Aussage über das Bild ist selbst der Geschichte unterworfen – sie wurde sieben Jahre nach Fertigstellung des Bildes gemacht. Könnte der Künstler nicht ‚vergessen' haben, was ihn damals bewegte, könnte er nicht emotional beeindruckt sein von irgendeinem Vorgang, der ihn 1944 zu einer Deutung veranlaßt, die er 1937 nicht akzeptiert hätte?...
Wer in den historischen Methoden hermeneutisch vorgeht, muß auch beim Verstehen dieser Quelle die geschichtlichen Tatsachen berücksichtigen – und dazu bedarf es der Überprüfung der Umstände, unter denen die Aussage gemacht wurde. Es bedarf ebenso der Überprüfung der Auffassung, die Picasso über die Bedeutung des Stieres in seinen anderen Bildern geäußert hat usw. So wird der Forschende plötzlich eingespannt in den hermeneutischen Zirkel, indem sich durch das Forschen fortwährend auch sein alltägliches Vorverständnis ändert und er auf wissenschaftlich abgesicherten Wegen mühevoll erfährt, was er durch sein Alltagswissen immer schon abgedeckt zu meinen glaubte!
Damit hätten die Schüler an einem exemplarischen Beispiel erfahren, was es mit dem ‚hermeneutischen Verfahren' auf sich hat und welche Schwierigkeiten es aus dem Wege räumt. Letztlich handelt es sich um das Eingeständnis, daß sich Geschichte nicht mehr rekonstruieren läßt (keine Objektivierung aller Umstände) sondern nur von heute aus ein subjektives Verständnis für vergangene Situationen möglichst genau dargelegt werden kann (Intersubjektivität des eigenen Verstehensvorganges).
In einer Hausaufgabe (Beschreibung von zwei Bildern Kirchners) können sich die Schüler den Begriff des alltäglichen Vorverständnisses nochmals bewußt werden lassen (Aufgabenstellung, siehe Stundenblatt und 12. Doppelstunde, Unterrichtsschritt 1)

12. Doppelstunde: Das Verstehen eines Werkes aus seinen gesellschaftlichen Bedingungen. Fragestellungen der Kritischen Theorie

Ziel

Die Schüler sollen an den Grundzügen der ‚Kritischen Theorie' erfahren, daß die dialektische Betrachtungsweise bzgl. der gesellschaftlichen Entwicklung in Vergangenheit, Gegenwart und Zukunft der Beurteilung von Werken der bildenden Kunst dienen kann und daß diese Fehlstellen des hermeneutischen Verfahrens auffangen will.

Teilziele

- Die Schüler sollen die eigentümliche Stellung des Forschenden zwischen gegenwärtiger Subjektivität und den Objekten der Vergangenheit erkennen.
- Die Schüler sollen erkennen, daß die Interessen der Gegenwärtigen an zukünftigen Zielen die Einstellung zu Vergangenem beeinflussen können.
- Die Schüler sollen eine dialektische Verbindung von Gegenwart, Vergangenheit und Zukunft als ‚kritischen Ansatz' erproben.
- Die Schüler sollen einen ‚kritischen Interpretationsansatz' beispielhaft erklären und mit anderen Interpretationsansätzen der historischen Methoden vergleichen können.

Materialien

Reproduktionen von:

- Ernst Ludwig Kirchner (1880–1937): Straßenszene (Berlin, Friedrichstraße), Öl auf Leinwand, 125 × 91 cm, 1913/14, Stuttgart, Staatsgalerie (s. Farbtafel)
- Ernst Ludwig Kirchner: Rote Akte, Öl auf Leinwand, 120 × 90 cm, 1913/1925, Zürich, Privatbesitz (s. Farbtafel)

Textauszüge aus:

- J. Habermas: Analytische Wissenschaftstheorie und Dialektik. In: H. Albert (Hrsg.): Der Positivismusstreit in den Sozialwissenschaften. München 1969, S. 165 (Text 65)
- M. Korn: Die Darstellung der Natur in der Malerei E. L. Kirchners. In: H. Möller / S. Lang (Hrsg.): Werkstatt Kunstpädagogik – Übungen zur Bildbetrachtung. Ravensburg 1976, S. 76ff. (Text 66)

Bezugsliteratur

- J. Habermas: Erkenntnis und Interesse. Frankfurt 1968
- H.-M. Enzensberger (Hrsg.): Kritik der Zukunft. Kursbuch 14. August 1968. Frankfurt 1968
- Gordon, D. E.: Ernst Ludwig Kirchner. München 1968

Im Verlauf der vorigen Stunde haben die Schüler erfahren, daß sich niemand – trotz intensiven Bemühens – ganz in eine vergangene Zeit hineinversetzen kann. Wer sie verstehen will, ist auf interpretierende Zusätze gegenwärtigen Denkens angewiesen. Das schwierige Problem der Beschränkung der Zusätze auf das Notwendige löst das hermeneutische Verfahren, indem es sich auf den Verstehenshorizont des gegenwärtigen Subjekts bezieht.
Gegen dieses Verfahren ist eingewendet worden, daß es individualistisch sei und kaum erlaube, allgemeine Erkenntnisse zu gewinnen. Diesem Umstand versucht eine andere Methode zu begegnen, die in Übereinstimmung mit einer dialektischen Geschichtsauffassung nicht bei der individuellen Auslegung stehen bleibt, sondern den Stand der Geschichte und die gesellschaftliche Lage der Menschen methodisch einbezieht. Aus der Prognose über zukünftige Ziele gesellschaftlicher Veränderungen wird eine kritische Distanz zu Vergangenheit und Gegenwart entwickelt. Die ‚kritische Methode' bedient sich dabei zunächst der ‚verstehenden Methode' (Hermeneutik), reflektiert aber das subjektive Bewußtsein der eigenen gesellschaftlichen Lage mit. Dann wendet sie sich der kausalanalytischen Erforschung der historischen Fakten zu. Beide Aspekte werden wie These (Subjektgebundenheit) und Antithese (objektive Realität) aufgefaßt. Aus beiden bildet sich eine Synthese, die auf der kritischen Reflexion des erkenntnisleitenden Interesses des Untersuchenden beruht, welches auch

die Wahl des Untersuchungsgegenstandes beeinflußt (Ideologiekritik).
Das im voraus gesteckte Ziel solcher Kritik ist die Emanzipation des Menschen. Historisches Forschen dient also nicht dem eigenen Verstehen (Hermeneutik) sondern den Möglichkeiten zukünftigen Handelns, Emanzipation erreichen zu können. Hierin sehen die Vertreter der ‚Kritischen Theorie' unter Anwendung ‚dialektischen Denkens' eine Möglichkeit, nicht beim Verstehen historischer Gegebenheiten stehenzubleiben, sondern Handlungsanweisungen für die Zukunft aufzuzeigen, die überindividuell sind, d.h. sozialgeschichtlichen Gesetzmäßigkeiten folgen.
Die Schüler sollen in der 12. Doppelstunde an einem Beispiel in diese Vorgehensweise eingeführt und in der 13. Doppelstunde mit den Schwächen des hermeneutischen und kritischen Verfahrens bekannt gemacht werden.

Verlaufsskizze

1. Unterrichtsschritt

Die Schüler erarbeiten Kurzbeschreibungen zu den beiden Bildern von Kirchner „Rote Akte" (1913/1925) und „Straßenszene Berlin, Friedrichstraße" (1913/14) (mündlich oder Auswertung der Hausaufgabe). Es sollen dabei diejenigen Einsichten berücksichtigt werden, die aus den bisherigen Untersuchungen (vor allem in der 3. bis 5., 7. und 11. Doppelstunde) herrühren.

2. Unterrichtsschritt

Nun wird den Schülern der Text von M. Korn „Die Darstellung der Natur in der Malerei Kirchners" (Schülerarbeitsheft) vorgelegt.
Dieser Text ist einer Sammlung von Bildanalysen entnommen, die als exemplarische Übungen zur Werkbetrachtung verstanden sein wollen. M. Korn (geb. 1945) ist Kunsterzieherin an einem Gymnasium. Sie gehört der kritischen Studentengeneration der frühen siebziger Jahre an.
Nach dem ersten Lesen sollten Verständnisfragen beantwortet werden. Es können folgende Erklärungen notwendig werden:
– *bürgerliches Individuum:* zur bürgerlichen Klasse gehörender Einzelner, d.h. ohne gesellschaftliche Einbindung in eine politische Gruppe
– *Spontaneität:* Selbsttätigkeit ohne äußere Anregung, Unwillkürlichkeit des Handelns
– *Emotionalität:* Gefühlsbetontheit, Gefühlsansprechbarkeit
– *dynamische Pinselstruktur:* gemeint ist ein Farbauftrag, der die Bewegungen des Pinsels sichtbar bleiben läßt
– *Ideologie:* Lehre von Ideen der Erziehung, Ethik, Politik, weltfremde Theorie, unechte Weltanschauung; bei Marx: verfestigtes Denken
– *archaische Urformen:* aus der Frühstufe (der Menschheit) kommende symbolhaltige Formen
– *Rezipient:* derjenige, der etwas zurückbekommt, Empfänger einer Nachricht
– *Gehrock und Melone:* knielanger Männerrock mit rundem, steifen Hut; vornehme Ausgehkleidung um 1900
– *Fluidum der Prostitution:* atmosphärische Ausstrahlung des Dirnenwesens
– *emanzipiert:* ursprünglich: freigelassen; übertragen: befreit aus dem Zustand materieller und geistiger Abhängigkeit, d.h. fähig zu selbstbestimmten Denken und Handeln
– *Dekadenz:* Verfall, Entartung
– *Ambivalenz:* Doppelwertigkeit (z.B. Haßliebe)
– *parasitär:* schmarotzerhaft
– *Stimulanz:* anregendes Mittel, Reizmittel
– *faschistoides Motiv:* totalitär-diktatorisch-nationalistisches Denken und ge-

walttätiges, auf Unterdrückung bedachtes Handeln

- *„entartet“:* Kunstäußerungen, die nicht einem spätklassizistisch verbrämten Naturalismus entsprachen, wurden als „nicht arischen Ursprungs“ von den Nazis gesammelt, 1937 ausgestellt und ins Ausland verschleudert. Die Ausstellung nannte sich „Entartete Kunst“, d.h. aus der germanischen Art geschlagen!
- *innere Emigration:* hier: typisches Verhalten der bürgerlichen Klasse, gesellschaftliche Probleme individuell zu psychologisieren, durch „Verinnerlichung“.

Nach dem Lesen des Textes sollte ein Gespräch über die Sachverhalte und die Unterschiede der Darstellungen (Schüler/M. Korn) geführt werden. Zur Orientierung bzgl. der sachlichen Gegebenheiten kann die Kurzbiographie von Kirchner im Schülerarbeitsheft herangezogen werden.

3. Unterrichtsschritt

Der Unterricht sollte sich nun auf den Text von M. Korn konzentrieren und nach seinen Aufbauregeln fragen. Ziel ist eine Grobgliederung mit Angaben über den Zweck der jeweiligen Texteinheiten (siehe Tafelanschrieb, Stundenblatt) in gemeinsamer Arbeit zu erstellen.
Der gekürzte Text liefert ein schiefes Bild, weil die bildbeschreibenden Teile für beide Bilder erheblich gekürzt sind, da die Bildbeschreibung von den Schülern selbst geleistet werden kann. Eigentlich sind sie jedoch Bestandteil des Textes entsprechend der kritischen Vorgehensweise (objektive Realität).

Die ‚kritische Position‘ eines aus Zukunftswissen genährten Urteilens (und Verurteilens) historischer Gegenwart ist im Text deutlich zu erkennen. Dazu noch zwei zusätzliche Beispiele:

„... Der Fluchtort ist die vom Zeitgeschehen unberührte und von Ausbeutung vermeintlich verschonte Natur. Das ist nur möglich, indem Kirchner in seiner Vorstellung die Natur und das Leben in ihr gegen die Realität abschirmt und negiert, was als Grundprinzip menschlichen Daseins gerade durch bäuerliches Leben veranschaulicht werden soll: daß sich der Mensch im Arbeitsprozeß die Natur unmittelbar aneignet, sie verändert und somit als Teil der Natur auch die qualitative Veränderung seiner eigenen Natur bewirkt. Durch das Malen von Bildern am arbeitsteiligen gesellschaftlichen Produktionsprozeß nie teilhabend, klammert Kirchner Arbeit auch in der Darstellung bäuerlichen Lebens aus... Er suggeriert seelischen Reichtum, wo harte Arbeit die Praxis und Armut vielfach die Realität sind...“ [op. cit., S. 80].

„... So erinnern Kirchners Nachkriegsbilder nicht zufällig an nationalsozialistische Propagandadarstellungen; denn in ihrer einfältigen Größe objektiviert sich die Verherrlichung schicksalhafter Mächte, die die wahren Klassenverhältnisse verschleiern. Hier erweist sich die faschistoide Perspektive: Mit dem sich selbst begründenden Mythos von Blut und Boden wird eine Eigentlichkeit heraufbeschworen, deren Verteidigung den sozial Enttäuschten unumgänglich erscheinen soll.“ [op. cit., S. 82].

Aus der Grobgliederung soll ersichtlich werden, daß der Text zunehmend von den tatsächlich vor Augen stehenden Werken weg zu gesellschaftlichen Umständen und deren Wertung hinführt.

4. Unterrichtsschritt

Der Lehrer macht die Schüler mit den Grundzügen des ‚Kritischen Denkens‘ bekannt, indem ein Schema dieser Vorgehensweise an der Tafel entwickelt wird. Als Hilfe kann der Text von J. Habermas (Schülerarbeitsheft) herangezogen werden.

Jürgen Habermas (geb. 1929) wird der sog. Frankfurter Schule (Adorno/Horkheimer) zugerechnet. Er vertritt eine kritische Sozialtheorie in Anlehnung an Horkheimers kritischer Theorie der Gesellschaft und einer historisch-dialektischen Anthropologie. Seine Schriften beeinflußten die deutsche und internationale Studentenbewegung, die unter der Devise fortschreitender Emanzipation der Menschengattung geführt wurde.

In dem ausgewählten Text wird der dialektisch zu verstehende Dreischritt deutlich (vgl. Tafelanschrieb, Stundenblatt). Die Einbeziehung geschichtlicher Aspekte der Zukunft sichert Habermas ab durch das Postulat der fortschreitenden Emanzipation der Menschheit als Ziel geschichtlicher Veränderungen überhaupt. Es ist leicht, die schwache Stelle in diesem Vorgehen zu entdecken: Geschichte ist im Prinzip individuell und unbegrenzt offen, sie läßt sich nicht mit allgemeinen Gesetzen erklären, obwohl sich Parallelismen und Analogien geradezu anbieten. Nur: es gibt keine Formel für das geschichtliche Notwendige schlechthin (s. auch R. Wittram: Anspruch und Fragwürdigkeit der Geschichte. Göttingen 1969, S. 83).

5. Unterrichtsschritt

Nun muß untersucht werden, ob sich in dem vorliegenden Text von M. Korn Anhaltspunkte dafür finden lassen, daß die Verfasserin nach Gesichtspunkten der ‚Kritischen Theorie‘ vorgegangen ist:

Für die Einbeziehung der subjektiven Ausgangslage des Betrachters sprechen die Zeilen 33 bis 39, 42 bis 49, 55 bis 58, 120 bis 123, in denen die Bilder vom Standpunkt eines ‚sehenden‘ Betrachters angegangen werden.

Für die Einbeziehung der Fakten sprechen die Zeilen 14 bis 28, 64 bis 67, 119 bis 123. Hier wird der historische Ort aus der Sicht gegenwärtiger Distanz beschrieben.

Für ein synthetisches Denken in Anlehnung an eine bereits durch Selbstreflexion erworbene Theorie über den Fortgang der Geschichte sprechen Zeilen wie 1 bis 15, 53 bis 63, 81 bis 99, 103 bis 108, 116 bis 119. Hier wird die Emanzipation des Menschen thematisiert und dabei, entsprechend der Gesellschaftstheorie von Marx, die proletarische Solidarität dem bürgerlichen Individualismus vorgezogen. Jene dient dem Fortschritt der Geschichte, dieser der Selbstvernichtung!

Für die Anwendung dialektischen Denkens sprechen eindeutige Indizien auf drei Ebenen:

1. Aus der Sache selbst konstruierte Gegensätzlichkeiten, die immer auch gleich Widersprüchlichkeit signalisieren:
   - Zeile 16/17 (warum sollten sich Individualisten nicht auch in Gruppen wiederfinden können?;
   - Zeile 53/54 (künstlerische und ethische Absichten werden mit der „Klassenideologie“ in Verbindung gebracht);
   - Zeile 69ff. (Faszination/Ekel; abstoßend/anziehend; Verführend – Bedrohliches/Häßlich-Schönes: es wird suggeriert, daß diese Begriffe antithetischen Gefühlswelten angehören, was eine Synthese notwendig macht!).

2. Aus der Interpretation konstruierte Gegensätzlichkeiten:
   - 55 bis 63: das implizierte Gegeneinander der Klasseninteressen und ihrer Folgen (Verdinglichung – Vermassung);
   - 81 bis 109: unsolidarische, antiemanzipatorische Haltung des Künstlers gegenüber dem Kampf um proletarischen Fortschritt.

3. Aus dem dialektischen Denken hervorgehende Synthese der Widersprüche, mit eingeschlossener Wertung. Diese orientiert sich an der schon im voraus feststehenden Gesetzmäßigkeit gesellschaftli-

cher Entwicklung, mit dem Ziel der Förderung emanzipatorischen Handelns:

- Zeile 53ff.: die Überwindung der Klassengegensätze und eine Bewahrung des Individualismus sind nicht gleichzeitig möglich, da dem die historische Stufe der „Diktatur des Proletariats" (Marx/Engels) entgegensteht.
- Zeile 81ff.: historisch nebeneinanderliegende Tatbestände werden ohne jeden faktischen Beweis miteinander in Beziehung gebracht. Dadurch findet eine ‚Aneignung' (vgl. Ende 2. Doppelstunde, Schema!) selbstverantworteten Handelns von Personen in der Vergangenheit zu Gunsten des zukünftig Notwendigen statt: statt Vergangenes zu erklären, wird es politisch genutzt.

Als Übergang zu einer kritischen Betrachtung des dialektischen Vorgehens kann schon hier darauf aufmerksam gemacht werden, wie vorzüglich in diesem Text die dialektischen Denkwege inszeniert sind, um im Leser eine Überzeugung hervorzurufen, die der eigenen entspricht und die die Voraussetzung der im voraus anerkannten Prämissen zukünftigen Handelns bildet: Allein die Zunahme interpretatorischer und später auch stark wertender Passagen gegenüber dem Anfang mit Aussagen über Fakten spricht dafür, die abschließende Beurteilung im letzten Abschnitt als Resultat einer Art des Urteilens aufzufassen, die einer starren Auffassung über das gesellschaftlich Notwendige entspringt.
Damit haben die Schüler Grundzüge der kritischen Fragestellungen an einem Gegenstand unserer kulturellen Überlieferung kennengelernt. Sie sind nun in der folgenden Stunde zur kritischen Reflexion über die historischen Methoden anzuhalten.

13. Doppelstunde: Grenzen der historischen Fragestellungen

Ziel

Die Schüler sollen die Grenzen der historischen Methoden einschätzen und am Beispiel des hermeneutischen und kritischen Vorgehens erläutern können.

Teilziele

- Die Schüler sollen erkennen, daß historisches Forschen immer Auswahl und damit Wertung einschließt.
- Die Schüler sollen erkennen, daß sich die Interessen des forschenden Subjekts nicht ausschließen lassen.
- Die Schüler sollen den Unterschied zwischen ‚forschendem Interesse' und ‚ideologischem Denken' an einem Beispiel erklären können.

Materialien

Reproduktionen von:

- E. L. Kirchner: Großstadtstraße mit Trambahnen, Tuschfeder, Bleistift, farbige Kreiden, 16 × 20,7 cm, 1926, Frankfurt a. M., Städelsches Kunstinstitut (S. 26)
- E. L. Kirchner: Stehende nackte Frauen in der Sonne, Holzschnitt, 59,5 × 41,5 cm, 1928. Berlin, Privatbesitz (S. 26)
- Ivo Saliger: Das Bad der Diana, Öl, Große Deutsche Kunstausstellung München 1940, verschollen (S. 27)
- E. L. Kirchner: Potsdamer Platz, Kohle, 67,5 × 51 cm, 1914, Frankfurt/Main, Privatbesitz (S. 25)
- E. L. Kirchner: Auf Fehmarn, Wasserfarben über Ölkreide, 59 × 46 cm, 1913, Berlin, Brücke-Museum (S. 24)

– E. L. Kirchner: Fünf Kokotten, Holzschnitt, 49 × 36,8 cm, 1914/15, Frankfurt a.M., Städelsches Kunstinstitut (S. 25)

Textauszüge aus:

– K. C. Eberlein: Was ist Deutsch in der Deutschen Kunst? Leipzig 1934. Zitiert nach: H. Lützeler: Kunsterfahrung und Kunstwissenschaft. 3 Bde., Freiburg / München 1975. Bd. 1, S. 201 f. (Text 68)
– E. Rathke: Ernst Ludwig Kirchner – Straßenbilder. Reclam Werkmonographien zur bildenden Kunst, Stuttgart 1969, S. 12 f. (Text 69)
– Biographie E. L. Kirchners in Anlehnung an op. cit., S. 30 ff. (Text 67)
– M. Korn (s. oben) (Text 66)

Bezugsliteratur

– W. Grohmann: Ernst Ludwig Kirchner. Bucheim, München 1958
– Ernst Ludwig Kirchner: Davoser Tagebuch. Hrsg. v. E. L. Griesebach. Köln 1968
– H. Brenner: Die Kunstpolitik des Nationalsozialismus. Reinbek bei Hamburg 1963
– J. Wulf: Die Bildenden Künste im Dritten Reich. Eine Dokumentation. Gütersloh 1963
– H. D. Bahr: Kritik der ‚Politischen Technologie'. Frankfurt / Wien 1970.

In dieser Stunde soll die Bearbeitung der ‚historischen Vorgehensweisen' mit einem Überdenken ihrer Schwierigkeiten abgeschlossen werden.
Bis jetzt ist einsichtig gemacht worden, daß der historisch Forschende, gleich welcher Vorgehensweise er sich auch bedient, drei Bedingungen folgen muß, wenn er sein Ziel erreichen will, historische Vorgänge zu erklären, zu verstehen oder sich anzueignen:

1. Gewesenes läßt sich nicht vollständig wiederherstellen. Daher bleibt für den in der Gegenwart Forschenden die Vergangenheit von vorneherein unvollständig.
2. Zurückliegende geschichtliche Situationen werden immer aus einer Perspektive betrachtet, die der Perspektive der damals Betroffenen nicht entspricht: Aussagen über geschichtliche Situationen sind deshalb stark geprägt von dem Standort des gegenwärtig Forschenden.
3. Wenn das in der Vergangenheit Geschehene nur von einem anderen Standort aus betrachtet und nur unvollständig rekonstruiert werden kann, hat die Bearbeitung historischer Situationen nur Sinn, wenn sie auf Interpretation beruhende Zusammenhänge zu schaffen versucht.

Jeder, der mit geschichtlichen Fakten umgeht, verhält sich bewußt oder unbewußt so wie oben beschrieben. Doch sind hierin mögliche Fehlstellen enthalten. In dieser Doppelstunde sollen deswegen Antworten auf folgende Fragen gesucht werden:
– Welcher Grad an Unvollständigkeit der Quellen ist für eine Werkinterpretation noch tragbar?
– Ab wann wird das Gesamtbild der historischen Situation durch die Auswahl und unterschiedliche Gewichtung von Fakten verfälscht?
– Ab wann verfehlt eine Interpretation historischer Zusammenhänge ihren Zweck, das in der Vergangenheit Geschehene den gegenwärtig Lebenden verständlich zu machen?

Kurzum: es geht um die Grenzen der historischen Vorgehensweisen.
Dem wissenschaftlich ausgebildeten Historiker stehen zur Kontrolle möglicher ‚illegitimer' Grenzüberschreitungen sehr diffizile Instrumente zur Verfügung. Ihren Gebrauch zu lehren bedeutete, den Schüler in die Methoden und Techniken einer Fachwissen-

schaft einzuführen, was nicht Ziel dieses Kurses ist. Hier soll deswegen das Augenmerk nur auf die ersten Erfahrungen gerichtet werden, die jeder bei der Beschäftigung mit Werken der bildenden Kunst und deren Interpretation machen kann. Sie leiten direkt zum Thema der letzten beiden Doppelstunden über, die sich mit den Anwendungsbereichen der Bildanalyse beschäftigen.

1. Unterrichtsschritt

Zunächst soll die Frage erörtert werden, welche Verfälschung im Gesamtbild einer historischen Situation durch die Auswahl und unterschiedliche Gewichtung von Fakten entstehen können.
Hierzu werden die Fakten bzw. Behauptungen im Text von M. Korn anderen Fakten des Lebenswerks von Kirchner gegenübergestellt. Dazu wird eine Auswahl von Bildquellen herangezogen, die vor, nach und während der Herstellung der bereits bekannten Werke „Rote Akte“ und „Straßenszene (Berlin, Friedrichstraße)“ entstanden sind und von der Autorin nicht erwähnt werden.
Der Ansatz zu einer kritischen Gegenüberstellung läßt sich im Text von M. Korn selbst finden. Dort wird behauptet: Das Bild (Rote Akte) sei exemplarisch für Kirchners Vorkriegswerk (31). Spontaneität und Emotionalität seien Prinzip (35/36). Vermeintlich archaische Urformen in der scheinbar unverbrauchten Reinheit von Form und Farbe seien aufzufinden (54/60). Hierzu wird die Zeichnung „Auf Fehmarn“, 1913, herangezogen. Auch auf diese Zeichnung treffen die Bestimmungen von Spontaneität und Emotionalität zu, jedoch tauchen keineswegs archaische (!) Urformen von Reinheit (!) der Form und Farbe auf. Vielmehr bleibt Kirchner offensichtlich bei einer den unmittelbaren Augenblick festhaltenden Zeichentechnik stehen, die überhaupt nichts anderes meint als ‚Niederschrift‘ der Empfindungen eines Eindrucks! Die Autorin gerät schon hier in den Verdacht, auf der Grundlage ihrer dialektischen Auffassung von Geschichte und nicht belegbarer Fakten stark interpretierend vorzugehen. Das Schaffen Kirchners wird mißgedeutet, indem aufgrund eines Werkes, dessen Auswahl von der Absicht, eine bestimmte These zu vermitteln, gelenkt war, Aussagen genereller Art gemacht werden.
Die Aussage über die „... in den analysierten Bildern deutlich gewordenen Widersprüche, das *frühere* Hineingehen in die Natur und die *gleichzeitige* Faszination an der morbiden Großstadtszenerie...“ (100/102) muß als nicht richtig gewertet werden, was schon an zwei Arbeiten aus den zwanziger Jahren nachgewiesen werden kann: Die Abbildungen „Großstadtstraße mit Trambahnen“ und „Stehende nackte Frauen in der Sonne“ lassen erkennen, daß Kirchner beide Themenkreise auch weiterhin verfolgt hat, so daß von einem ‚Früher‘ und ‚Später‘ nicht gesprochen werden kann.
Die Umstände, unter denen das Straßenbild von 1926 entstanden ist (erster Besuch im Nachkriegsdeutschland), deuten mit Hunderten von anderen Arbeiten und Skizzen darauf, daß Kirchner unmittelbar von den Umständen angesprochen ist, die sich ihm als ‚außergewöhnliche Situationen‘ darbieten und nicht darauf, daß Kirchner – laut Korn – der politisch-gesellschaftlichen Realität ausweicht. Er ergreift vielmehr jeweils die Möglichkeit, sich mit der ihn umgebenden Wirklichkeit auseinanderzusetzen, indem er Skizzen anfertigt wie andere sich Notizen machen!
Das Interesse der Autorin wurde durch Unvollständigkeit bzgl. der Fakten gestützt. Es ging also in erster Linie nicht darum, Kirchners Wesen historisch zu erfassen, sondern eher darum, ihn durch Aufsuchen einer bestimmten Perspektive zum Katalysator gegenwärtiger Interessen zu verwenden, indem durch eine geschickte Auswahl von Quellenbelegen Beweiskraft suggeriert wird.

Das Fazit aus diesem Befund ist, daß die Auswahl von Quellen repräsentativen Charakter haben muß. Um dessen sicher zu sein, ist der Betrachtende dazu angehalten, sich mit *einer* Sekundärquelle nicht zufriedenzugeben und im Prinzip immer auf die Primärquellen zurückzugreifen, um die Adäquatheit der Auswahl einschätzen zu können (vgl. Prinzip der Hypothesenbildung im hermeneutischen Verfahren und Tafelanschrieb, Stundenblatt).

2. Unterrichtsschritt

Im folgenden soll der Frage nachgegangen werden, in welcher Weise sich der veränderte Standort auf die Interpretation des Vergangenen auswirkt. Hierzu sollen die Schüler die Kurzbiographie von Kirchner im Vergleich zum Text von M. Korn lesen. Die hier gewählte Form der Biographie ist besonders geeignet, den Leser auf den Gedanken zu führen, daß das, was für die Lebensjahre (in Auswahl) aufgeschrieben wurde, keineswegs das Leben des Künstlers ausmachen kann und deswegen ‚unvollständig' sein muß. Hieran anschließen kann sich dann das Gespräch darüber, inwieweit es überhaupt möglich ist, ein gelebtes Leben ‚vollständig' darzustellen. Die Unmöglichkeit eines solchen Unterfangens muß eingesehen werden.
Aber nach welchen Gesichtspunkten werden dann die Daten der Lebensgeschichte eines Künstlers ausgewählt? Zunächst gilt ganz allgemein: Je mehr es werden, desto unübersichtlicher wird die Darstellung. Wenn jeder biographischen Tatsache der gleiche Stellenwert zugeordnet wird, so entsteht ebenso eine unzutreffende Konstruktion wie bei der Auswahl bestimmter, für die eigene Betrachtungsrichtung herausragender Daten! Die Schüler können auch dazu angeregt werden, diese Erkenntnis praktisch zu erarbeiten, da es in Kunstlexikons und Monographien über Kirchner recht unterschiedliche ‚Zuschnitte' seines Lebens gibt, die nur in die Form einer Biographie, die der chronologischen Abfolge entspricht, zu bringen wären. Hierbei könnte z. B. auch – falls beschaffbar – das ‚Davoser Tagebuch' von Kirchner (siehe Bezugsliteratur) eine erhellende Rolle spielen.
Die Frage bleibt: Aus welcher Perspektive haben die Autoren versucht, sich etwas zu erklären, zu verstehen oder anzueignen? Haben sie versucht, sich in vergangene Motive Kirchners hineinzuversetzen und ‚historisch', vom Ort des Geschehens aus, zu argumentieren?
Um diese Frage zu beantworten, braucht nur eine Stelle der in den Lebensdaten der Biographie mit dem Text von M. Korn verglichen zu werden:
Unter der Jahreszahl 1915 wird über nähere Umstände seiner Entlassung aus dem Militärdienst berichtet. Aus ihnen geht hervor, daß Kirchner nicht auf Grund seines eigenen Bemühens entlassen wurde, sondern weil er nervenkrank war. Bei Korn (Zeile 99–109) besagt die Aussage über den Rückzug aus der politisch-gesellschaftlichen Realität, daß Kirchner bewußt auf diesen Rückzug hingearbeitet hätte! Zugegeben, in den dialektischen Interpretationsablauf paßt besser der ‚Rückzug' als aktive Abkehr von der gesellschaftlichen Realität. Tatsächlich ist aber aus den verschiedensten Lebensdaten zu entnehmen, daß Kirchner immer wieder versucht hat, den Anschluß an die politisch-gesellschaftliche Realität zu knüpfen, seine Krankheit ihn aber daran gehindert hat (vgl. 1916, 1917, 1936). Hieraus wird deutlich, wie unterschiedlich beide Autoren mit geschichtlichen Daten umgehen. Rathke bemüht sich, sachlich die chronologische Abfolge darzustellen. Korn bedient sich der Daten, um ihre eigene Position zu vertreten.
Grundsätzlich sollte aber der von Ranke aufgestellte Grundsatz gelten, zunächst den Eigenwert einer historischen Situation – freilich unter Einbezug aller gesellschaftlichen und kulturellen Randbedingungen – festhalten, um erst dann durch sie zur Interpretation ei-

nes individuellen Verstehens (Hermeneutik) oder gesellschaftlichen Aneignens (kritische Theorie) überzugehen. Nur durch eine solche Haltung wird mit den Fakten in kontrollierter Weise umgegangen.

3. Unterrichtsschritt

Im folgenden soll nun untersucht werden, ab wann eine Interpretation historischer Tatsachen die vergangene Situation nicht mehr verdeutlicht, sondern verändert wiedergibt oder im Hinblick auf eigene Interessen steuert. Die Schüler müssen also unterscheiden lernen zwischen den historischen Tatsachen, die ein gegenwärtiger Interpret notwendig ‚dazutun' muß, um die vergangene Situation den Lesern der Gegenwart verstehbar machen zu können und den Zusätzen, die praktisch eine Neufassung der historischen Situation ergeben. Hierzu werden die Texte von M. Korn, K. Eberlein und E. Rathke herangezogen.

Der erste Text ist bekannt.

Der zweite Text stammt von K. Eberlein, einem Kunsthistoriker, der sich um die Erforschung der deutschen Romantik verdient gemacht hat und später dem rassistischen Dogma der Nazis hörig wurde. Für ihn gab es dann nur noch drei Arten von Malerei: eine ästhesierend-schönheitliche, eine naturalistisch-photographische und heroisch-spektakuläre (vgl. H. Brenner, Hamburg 1963, S. 271 f.), zu der die im Schülerarbeitsheft beigegebene Abbildung „Das Bad der Diana" zählt.

Der dritte Text stammt ebenfalls von einem Kunsthistoriker, der sich nach dem 2. Weltkrieg durch die Erforschung des ‚Brücke-Expressionismus' Verdienste erworben hat: Ewald Rathke.

Alle drei Texte handeln von den Expressionisten, zwei davon ausdrücklich von Kirchner. Allen drei Texten ist eine eigentümliche Interpretation von bekannten Fakten eigen. Sie soll nun unter der Fragestellung beurteilt werden, bis wohin eine Interpretation historischer Fakten noch gültig ist.

Die Schüler werden aufgefordert, die Fakten, auf denen die Interpretation basiert, stichwortartig zu benennen (vgl. Tafelanschrieb, Stundenblatt). Danach werden die Interpretationsansätze der Autoren untersucht.

Durch die Bearbeitung der Textstellen im Hinblick auf verwendete Tatsachen wird deutlich, daß der Text von Eberlein fast ausschließlich auf Behauptungen basiert. Es gibt keine Folgerungen, sondern nur immer ausfälligere Behauptungen, die in einen scheinlogischen Zusammenhang gebracht werden, z. B.: „... diese gottlosen Verbrecherjuden, die als Christus... auftreten..." (vgl. Tafelanschrieb, Stundenblatt).

Der Text von M. Korn basiert zwar auf Fakten, die hauptsächlich in den Bildbeschreibungen und den Lebensdaten Kirchners zu finden sind, doch werden die Folgerungen oft nicht aus den Fakten herausentwickelt, sondern aus neuen Vorstellungen über einen historisch determinierten Zustand von Gesellschaft und Individuum entwickelt, oder es werden die Fakten unausgewogen gewichtet. So kommt es, daß die Verfasserin auf einige Tatsachen zurückgreift, weil sie in ihnen für ihre Vorstellung Zuträgliches findet; diese werden deshalb nur allzuhäufig nach dem vorgefaßten Sinn der Autorin und nicht nach dem Sinnzusammenhang von Kirchners Werk und Leben gedeutet (vgl. Tafelanschrieb, Stundenblatt).

Der Text von E. Rathke basiert auf Fakten, die jedoch nicht eng begrenzt verwendet werden, sondern Kirchners Bilder aus dem Gesamtzusammenhang seiner künstlerischen Intentionen und Darstellungsinteressen heraus zu erklären versuchen. Um dieser Aufgabe gerecht zu werden, muß er notwendigerweise etwas zu den Fakten hinzutun, da Kirchner selbst keinen Überblick über die Struktur seines Schaffens erlangen konnte. Er kommt zu dem aus den Fakten heraus interpretierten Schluß, daß seine Bilder nicht

,Realität' wiedergegeben (wie M. Korn behauptet und wohl auch glaubt), sondern ,Summe', ,Deutung der Wirklichkeit', Vokabeln der ,Vorstellung' sind. Die Folgerungen aus einer umfassenden Bearbeitung der bildhaften Primärquellen (Zeichnungen / Skizzenbücher / Drucke / Ölbilder – vgl. die Abbildungen „Potsdamer Platz" und „Fünf Kokotten" im Schülerarbeitsheft) gehen nicht über Kirchners Anliegen hinaus – es wird nur versucht, dieses für den gegenwärtigen Leser und ,Nichtkünstler' verstehbar zu machen (vgl. Tafelanschrieb, Stundenblatt). Es bleibt nun nur noch übrig, der Frage nachzugehen, warum es unterschiedliche Interpretationsmotive bei den einzelnen Betrachtern gibt. Verfolgt man diese Frage, wird man feststellen, daß es bei den einzelnen Personen unterschiedliche Einstellungen zur Geschichte gibt, und dies führt zum Nachdenken über den ideologischen Hintergrund, aus dem heraus der Betrachter die Bilder unbewußt oder bewußt interpretiert.

4. Unterrichtsschritt

Schon beim Erklären der Vorgehensweise bzgl. der ,Kritischen Theorie' ist von der ,Ideologiekritik' die Rede gewesen. Sie konnte zunächst als ein Instrument aufgefaßt werden, mittels dessen verdeutlicht werden soll, aus welchen Normen der jeweilige Interpret Bilder deutet.

Marx verstand Ideologie als verfestigtes Denken, durch das die gegebene gesellschaftliche Ordnung auf Erhaltung und Restauration ausgerichtet ist. Bei der Annahme einer dialektischen Entwicklung der Geschichte, die den Fortgang der Menschheit zum allgemeinen und gleichen Glück für alle in einer klassenlosen Gesellschaft zum Ziel hat, ist ein solches, auf die Erhaltung des eigenen Zustandes gerichtetes Denken ,falsches Bewußtsein'. Um es zu eliminieren, führt die kritische Vorgehensweise den Schritt der ,Ideologiekritik' ein. In dieser Weise geht auch M. Korn vor, ohne sich allerdings selbst dieser Kritik zu unterziehen. Wer hingegen von der Unvergleichbarkeit und Unwiederholbarkeit jeder geschichtlichen Situation ausgeht und davon, daß die geschichtliche Zukunft offen ist, wird diese Auffassung über den geschichtlichen Verlauf und über die Zielvorstellung selbst als ideologisch ansehen.

Es ist unschwer zu erkennen, daß dies für die Vorgehensweise von Korn zutrifft, wohingegen Eberlein auf wissenschaftliche Aussagen überhaupt verzichtet und nationalsozialistische Dogmen verinnerlicht hat. Er argumentiert von der Ebene der ,Empfindungen einer deutschen Natur' aus und appelliert dadurch an die Emotionalität des Lesers. Bei Rathke wird weder mit Emotionen noch mit als absolut gesetzten Vorstellungen gearbeitet, sondern die Schwierigkeiten des Deutens von Kirchners Werken zugegeben, ein Verfahren vorgeschlagen, sie zu umgehen und dieses jedem nachprüfbar – und deswegen auch widerlegbar – dargestellt.

Da die folgenden zwei Stunden auf Erkenntnisse der ersten beiden Doppelstunden zurückgreifen, ist es ratsam, deren Ergebnisse in häuslicher Arbeit wiederholen zu lassen (vgl. Stundenblatt).

Alternative:

Die Zusammenhänge zwischen historischem Denken, hermeneutischem Verfahren und der Kritischen Theorie, wie sie hier vereinfacht und gekürzt dargestellt wurden, sind kompliziert und nicht für jeden Kurs geeignet. Es ist deswegen schon eingangs darauf hingewiesen worden (Vorwort), daß die 12. und 13. Doppelstunde für einen Grundkurs hohe Anforderungen stellt. Sie können vermieden werden, indem die historische Methode und das hermeneutische Verfahren ausführlicher behandelt werden und dafür die Bearbeitung von Vorgehensweisen der

'Kritischen Theorie' wegfallen. Es ließen sich Teile des Materials über Kirchner auch für eine im hermeneutischen Verfahren durchgeführte Bearbeitung verwenden und z.B. zur Lernzielüberprüfung einsetzen.

Exkurs: Indirekte Methoden

Die Wissenschaft hat sich mit den Schwierigkeiten der historischen Vorgehensweisen natürlich nicht abgefunden. Mit den sogenannten Semiotischen Methoden, die auf der Grundlage einer seit 1955 entwickelten zeichentheoretischen Erfassung von Bildern basieren, wird heute versucht, den aufgetretenen Schwierigkeiten der Bildinterpretation durch einen mehr positivistischen Ansatz Herr zu werden:
Der Interpret darf nur Vorgehensweisen gebrauchen, die Objektstrukturen (Syntaktik) und deren Beziehungen zu gesellschaftlichen Prozessen (Semantik/Pragmantik) berücksichtigen. Nach diesem Grundsatz verfahren alle semiotischen und strukturalistischen Methodiker bei der Interpretation der sich ihnen darbietenden Objektwelt. Diese Methoden werden deswegen auch die 'indirekten Methoden' genannt, da die direkten Beziehungen zwischen Subjekt und Objekt wie in den hier schon behandelten 'direkten Methoden' keine Rolle mehr spielen.
Die für die indirekten Methoden notwendigen methodischen Vorkenntnisse sind noch umfangreicher als z.B. bei der kritischen Vorgehensweise. Der Schüler ist daher nicht in der Lage, dieses Verfahren unvorbereitet in seiner Komplexität zu durchschauen und anzuwenden. Deswegen ist die 'Semiotische Fragestellung' ein Thema für einen gesonderten Leistungskurs. Es ist legitim, in einem Grundkurs zunächst in die sogenannten direkten Bearbeitungsmethoden einzuführen, um dann in einem Leistungskurs mit den 'indirekten Bearbeitungsmethoden' des Strukturalismus und der Semiotik fortzufahren. Da aber – oft wirre – Vorschläge derartiger Bearbeitungsrichtungen in der kunstpädagogischen Literatur auftauchen, ist hier eine sehr kurze als Hinweis zu verstehende Zusammenfassung angefügt, mittels derer zumindest das Problem erfaßt und in einige Fragestellungen Einblick genommen werden kann. Auf eine ausführliche unterrichtsmethodische Darlegung wurde dabei verzichtet.
Wer sich diesem Problemkreis anschaulich nähern will, benötigt aus der Klett-Galerie:
- Giotto di Bondone (1266–1337): Maria mit Kind, Washington, National Gallery of Art; Klett-Galerie 94694
- William Hogarth (1697–1764): Das Krevettenmädchen, London, National Gallery; Klett-Galerie 94698
- Aus der Serie Politische Plakate in Deutschland, z.B.: Damit Sie auch morgen in Frieden leben können, Wahlplakat der SPD 1969; Klett-Galerie 94484.

Alle Fragestellungen der indirekten Methoden betreffen nicht den vor Augen stehenden Gegenstand direkt – obwohl sie ihn verwenden. Es wird vielmehr danach gefragt, was er als Teil eines kulturell-gesellschaftlichen Zusammenhangs an Bedeutung, Absichten, Wirkungen mit sich trägt. Aus diesem Grund ist es für die Untersuchung von Bildmaterial sehr wichtig, nicht nach Thematik, Form und Inhalt zu fragen, sondern den Zweck und die Mitteilungsabsicht ins Auge zu fassen: Ist es Anliegen des Künstlers, neu erkannte Beziehungen der Vorstellungs- und Gegenstandswelt zu gestalten oder wird mit der Auswahl der Abbildungsobjekte und ihrer Anordnung eine im voraus festgelegte Mitteilungsabsicht verfolgt?
Im ersten Fall wird der Betrachter nicht oder nur unbewußt, im zweiten Fall von vorneherein mit in die Überlegungen eingeschlossen. Jeder weiß, daß letztere Haltung beim Herstellen von Produkten der Gebrauchskunst –

z. B. Plakate, Werbeanzeigen, Piktogramme – Voraussetzung ist, soll die Visualisierung eine im voraus bestimmbare Wirkung haben. Nicht so eindeutig verhält es sich damit im Bereich der Kunst. Es hat Zeiten gegeben, in denen Künstler ganz bewußt den dargestellten Gegenständen und ihrer Anordnung auf der Bildfläche Bedeutungen beilegten, die aus ihnen selbst eigentlich nicht unmittelbar hervorgehen. Solche Zeiten waren z. B. das Mittelalter und der Barock im Bereich der Architektur, Plastik und Malerei. Allerdings scheiden sich schon seit dem Barock die Interessen der Maler. Die Frage nach der Bildbedeutung des in der 6. Doppelstunde betrachteten Bildes von Vermeer „Die Malkunst" (1666) z. B. zeigt, daß die Frage, ob der Maler nur ein verkleidetes Mädchen als Modell (Gegenstandsdarstellung) oder eine Mädchenfigur als Träger von Bedeutungen (Zeichendarstellung) gemalt hat, d. h. ob hinter den gemalten Gegenständen zugeordnete Bedeutungen festzustellen sind oder nicht, schwer zu beantworten ist.

Ob durch den Gestaltungszusammenhang ein weiterreichender Sinnbezug hergestellt wird, untersucht im Bereich der Kunst die Ikonographie als Teildisziplin der Kunstgeschichte/Kunstwissenschaft.

Da in heutiger Zeit derartige, auf einen bestimmten Sinn verweisende Kodierungen durch Bildmaterialien nicht nur im Bereich der Kunst, sondern auch in vielen anderen Verwendungsbereichen gang und gäbe sind, soll die semiotische Methode allgemein für den Bereich der Kommunikation vorgestellt werden.

Dieses methodische Vorgehen umfaßt in der Regel folgende Schritte:

1. Analyse der realen Situation, auf die sich die Mitteilung beziehen soll (Gegenstandswelt);
2. Feststellen der Mitteilungsabsicht (Zuordnungswelt);
3. Analyse der Reduktion der Gegenstandswelt zur Bestimmung dessen, was bezeichnet werden soll (Zeichenrelation) und visualisiert wurde (Zeichenkodierung);
4. Feststellen der Kodierungsregeln im Anordnungs-, Bedeutungs- und Wirkungsbereich (Syntaktik/Semantik/Pragmatik) auf Grund des möglichen Zeichenrepertoires;
5. Analyse des Transportweges nach Medium, Kanal und Störanfälligkeit;
6. Feststellen der tatsächlichen Wirkungen, die die übermittelte Botschaft beim Rezipienten auslöst (Dekodierung);
7. Analyse des Rückkoppelungseffekts zwischen Rezipient und Expedient (feed back) mit dem Ziel, eindeutigere Kodierungen des Expedienten und wirkungsvolleres Eingehen des Rezipienten auf die Mitteilungsabsicht zu erreichen.

Eine solche auf die Offenlegung des Kommunikationsvorgangs zielende Analyse wird vor allem durch zwei Umstände beeinträchtigt, die beide in den einschlägigen Wissenschaftsbereichen kontrovers diskutiert werden. Der eine Umstand bezieht sich auf die sogenannte Hierarchie der Zeichen, der andere auf die Klassifizierung und Typologisierung von Zeichen. Über beides kann hier nicht ausführlich gesprochen werden. Die Komplexität von Zeichenstrukturen in visuellem Material, die das Problem der Hierarchisierung heraufbeschwört, kann im Unterricht umgangen werden, wenn davon ausgegangen wird, daß ein Bild zunächst Gegenstände und Vorstellungen sichtbar macht. Erst wenn diesen (oft schon als Zeichen zweiter Rangstufe interpretierten) Gegenstandsabbildungen gleich welchen Bezugs zur Wirklichkeit *zusätzliche* Bedeutungen zugeordnet werden, sollte von *visuellen Zeichenkodes* gesprochen werden. Hier werden also nur Bildzeichen der dritten Rangstufe behandelt, da in ihr der Schüler das Methodentypische am deutlichsten erfahren kann. Der andere Umstand läßt sich umgehen, indem man ihn gar nicht ausspricht, d.h. von gleichen Zeichenklassen und -typen ausgeht.

Unterrichtliche Hinweise

Es ist gut, Schüler zunächst ganz praktisch durch Herstellung von Verkehrszeichen oder Piktogrammen eine verabredete Mitteilung ausdrücken zu lassen und diese dann anschließend von der Gruppe herauslesen zu lassen. Fehlerquellen des Verstehens (teilidentischer Kode) werden besprochen und damit auch die beiden Dekodierungstypen (gesellschaftlich Mitgewußtes/individuell Verabredetes) erkannt.
Dann wird zu einer rein analytischen Phase übergegangen, in der drei Bilder aus der Klett-Galerie an Hand der Schrittfolge (s.o.) analysiert werden. Dazu hier noch einige sachliche Hinweise:

Giotto di Bondone (1266–1337): Maria mit Kind, Ölmischtechnik, 85 × 62 cm, ursprünglich stehende Maria abbildend, Washington, National Gallery of Art

Giotto steht am Wendepunkt von mittelalterlicher zu neuzeitlicher Malerei. Das Neue äußert sich vor allem in der Darstellung von Körperlichkeit und ersten Verlebendigungen innerhalb der Grenzen christlicher Ikonographie des Mittelalters. Die dargestellte Thematik ist noch ganz der Tradition verbunden, auch Einflüsse der oströmisch/russisch-orthodoxen Ikonenmalerei sind erkennbar. Dadurch sollte dem religiösen Bild jede künstlerische Willkür bei Darstellung von Inhalten der Heilslehre genommen werden. Diese Forderung betraf Personen, gewählte Gesten, Gegenstände, Farben, nicht aber Aspekte der Formgestaltung. Das Bild ist also besonders geeignet, sowohl den individuell gestaltenden *Ausdrucksbereich* als auch den tradierten *Bedeutungsbereich* zu verdeutlichen. Das Bild weist über die reine Gegenstandsdarstellung von Mutter und Kind vor goldenem Hintergrund hinaus auf die Botschaft Gottes, dessen anbetungswürdige Unerreichbarkeit bei Giotto durch Verlebendigung der Figuren gemildert wird.
Im einzelnen verweisen die dargestellten Gegenstände auf folgende Bedeutungen, die im Mittelalter nie systematisch erfaßt wurden:
Haltung Mariens und des Christuskindes: weisen auf den Typus der Elëusa, d.h. ‚Muttergottes des Erbarmens', Haltung und Gestik auf die Ahnung des Leids der Gottesmutter hin; ihr Blick geht an Betrachter und Kind vorbei, die Gebärden des Kindes werden nicht wahrgenommen. Weitverbreiteter Typus des Andachtsbildes.
Blaues Gewand mit Goldborte: antikisierendes, togaähnliches Gewand weist auf Maria als Königin.
Farbe: Hyazinthblau, ursprünglich dem Element Luft zugeordnet, weist auf den Himmel und die Himmlischen, gleichzeitig auf Wahrheit und Treue, mit *Schwarz:* Tendenz zu Trauer, Leid, Demut. *Blau* zusammen mit *Grün* und *Rot* in der *Kopfborte* Mariä und den drei (!) Sternen im Glorienschein Christi: Hinweis auf die Trinität. *Gold* im Gewand der Maria: Hinweis auf Mariens Erleuchtung; Umkehrung der Gewandfarbe zu außen Gold beim Jesuskind: Anspielung auf irdische Mutter und Gottes Sohn. Gold sonst allgemein Zeichen für das heilige und himmlische Licht, von dem nun das Kind ‚umhüllt' ist.
Goldhintergrund weist auf die real nicht darstellbare, als ‚Nur-Licht' vorgestellte Unendlichkeit des Universums, wobei Gott als Lichtträger verstanden wird. Das Glänzen des Metalls verweist auf diese Lichtsymbolik, Gottes Dasein, versinnbildlicht durch das Leuchten des Goldes aus sich.
Nimbus (Heiligenschein, Gloriole), Lichtkranz: d.h. mit Gottes Aktivität ausgestattet, Bedeutsamkeit durch Schmuck abgestuft. Der Stern auf der Schulter Mariens verweist auf das Königliche und den Messias. Acht-

strahligkeit: Zeichen für Jesus Christus als Weltenherrscher.

Die Blume in der Hand Mariens: eine Zuchtrose. Sie steht für Reinheit und Schönheit (Mariensymbole). Ihre goldene Farbe deutet auf Gottes Wille. Damit ist entsprechend der christlichen Lehre diese Blume, deren Dornen auf die Leiden Christi weisen, zugleich Mariens und Christi Blume (vgl. Handhaltung).

Auf diese Weise wird einsichtig, daß das Bild mittels Gegenstandsdarstellungen auf einen umfassenden Bedeutungszusammenhang verweist und damit ein Zeichen christlichen Glaubens geworden ist.

W. Hogarth (1697–1764): Krevettenmädchen, Öl auf Leinwand, 64×53 cm, um 1760, London, National Gallery

Es ist kein größerer Gegensatz zu dem Altarbild von Giotto zu denken. Dies Bild ist aus der Freude an der Erscheinung und aus dem Bedürfnis einer farbigen Umsetzung dieses Erlebens gemalt. Alles, was dieses Bild bedeutsam macht, sind die Gegenstände des Bildes selbst: das lachende Gesicht, der Aufputz, die fast fehlende Zeichnung, die sich aus den Bildseiten in den Mittelpunkt steigernden Farben, der Duktus der Pinselschrift usw.

Das Bild selbst ist sinnliche Freude und sinnenhafte Wirklichkeit. Es gibt keine über das Ganze als Bild hinausweisende Bedeutung (siehe dazu Analyseschritt 3). Die Wirkungen, die das Bild auf den Betrachter ausübt, sind individuell empfindungsmäßig. Der Maler gestaltete einen seinen Empfindungen entsprungenen Augenblick mit den Mitteln, die er zur Verfügung hatte – und er machte dies deutlich durch eine bildhafte Analogie zur erlebbaren Wirklichkeit.

Wahlplakat der SPD: Damit Sie auch morgen in Frieden leben können, 1969

Die Gegenstandsdarstellung ‚Willy-Brandt-Portrait mit erhobener Hand' auf fototechnischer Basis ist kein Bild, sondern eine aus visuellen Teilen zusammengesetzte, in gezielter Absicht hergestellte Mitteilung. An ihr nun kann die absichtsvolle Kodierung in den vorne beschriebenen Schritten nachvollzogen werden:

1. Analyse der realen Situation:
   z. B. die besondere Situation im Wahljahr 1969, außen- und innenpolitische Kontroversen der Parteien etc.;
2. Feststellen der Mitteilungsabsicht:
   z. B. Brandt als erfahrener Politiker, Bürger, Sicherheitsgarant, Überlegenheit der SPD-Konzeption, ideologiefreie Politik usw.;
3. Analyse der Wirklichkeitsreduktion und visuellen Kodierung:
   z. B. Reduktion einer Brandt-Fotografie zur umrissenen Portraitbüstendarstellung, Reduktion des wirklichen Aussehens zu Plastizität des Kopfes, Flächigkeit des Jaketts, bürgerlicher Kleidungsstil usw.;
4. Feststellung der Kodierungsregeln:
   z. B. syntaktische Ebene: einfache bildnerische Kontraste; semantische Ebene: Entschiedenheit, Sicherheit; pragmatische Ebene: Gesamthaltung auf Suggestion unmittelbarer Kontaktmöglichkeit zur Person ausgerichtet.
   Regel: Syntaktische und semantische Elemente als superierender Zusammenhang, Identifikation suggerierend, etc.
5. Transportweg:
   große und kleine Plakatfassung d.h. Litfaßsäulen und Schilder, nicht Anzeigenwerbung; Frequenz: Aufstellungsmenge; Umfang: BRD; Störanfälligkeit:...
6. tatsächliche Wirkung:
   durch Befragung feststellen

7. Analyse des Rückkoppelungseffekts: z. B. waren die Plakate des Wahljahres 1973 auch bei der Opposition ähnlich aufgebaut, persönliche Identifikation (Kanzlerwahl) Trumpf...

Damit wäre der Weg gewiesen, zur Unterscheidung verschiedener Modelle visuellen Kommunizierens zu kommen. Sie sind nun aber keineswegs vollständig (Piktogramme, Karten, Foto- und Malbild etc. sind nicht berücksichtigt), und sie könnten auch über das Prinzip ‚Darstellung' hinaus verfolgt werden (z. B. Schrifttypologie, Schriftsatz und -anordnung, etc.).
Hier mag es genug sein mit Anregungen. Auf die Problematik derartigen Vorgehens kann in diesem Rahmen nicht eingegangen werden. Sie liegt im Bereich der Inkonsistenz von Bildhaftem einerseits und dessen ganzheitlichem Wesen andererseits, die sich einer (z. B. syntaktischen) Elementarisierung zu großen Teilen entzieht. Auch das Problem von digital und analog dekodierbaren Zeichen unterschiedlicher Bildtypen müßte ausführlich zur Sprache kommen.

Anwendungsgebiete der Bildanalyse

Vorbemerkungen zur 14. und 15. Doppelstunde

In den folgenden zwei Doppelstunden sollen die Schüler auf der Grundlage des bisher Gelernten Möglichkeiten des Umgangs mit Schriften über Werke der bildenden Kunst, die Interpretationen enthalten, erproben. Durch die Einsicht in die jeweiligen methodischen Vorgehensweisen können sie zu einer begründeten Einschätzung der Äußerungen über Werke der bildenden Kunst kommen. Hierzu werden im Schülerarbeitsheft Materialien angeboten, die als exemplarische Auswahl aus einer Vielfalt von Äußerungsformen über Werke der bildenden Kunst angesehen werden müssen. Sie kann jederzeit durch weitere Texte und Beispiele erweitert, aber ebenfalls auch reduziert werden. Der Schüler sollte jedoch mindestens je ein Beispiel künstlerischer, wissenschaftlicher und kritisierender Äußerungsform kennenlernen.
An Hand von zwei Texten (H. Read/K. Fiedler), deren Bearbeitung diese Unterrichtseinheit beschließt, werden die beiden Grundprobleme der Werkinterpretation noch einmal aufgegriffen: die Frage nach dem Einfluß des Zeitpunkts der Erstellung einer Interpretation und das Problem der Eigentümlichkeit von Werken der bildenden Kunst, die dem interpretierenden Wort nicht unbedingt zugänglich sind.

14. Doppelstunde: Nichtwissenschaftliche Anwendungsgebiete der Werkinterpretation

Ziel

Die Schüler sollen die künstlerische Nachempfindung und den Bericht über Kunsteindrücke als subjektive Zugänge zu Kunstwerken einschätzen, der objektivierenden Bearbeitung des Wissenschaftlers gegenüberstellen und diese miteinander vergleichen können.

Teilziele

– Die Schüler sollen Reim- und Prosadichtung sowie Bilder als kongeniale Erlebnisweisen erkennen und ihren Aussagewert beurteilen können.

– Die Schüler sollen briefliche Äußerungen über Kunst und beurteilende Berichte über Künstler und dessen Werke als subjektive Zugangs- und Verarbeitungsweisen von Kunsterlebnissen erkennen und werten lernen.

Materialien

Reproduktionen von:

– P. Picasso: Guernica, Öl auf Leinwand, 351 × 716 cm, 1937, Madrid, Prado (s. Bildtafel)
– C. D. Friedrich: Mönch am Meer, Öl auf Leinwand, 110 × 171,5 cm, 1810, Berlin, Nationalgalerie (s. Farbtafel)
– Gruppe Crónica (M. Valdes und R. Solbes): Der Besuch, Acryl auf Leinwand, 120 × 120 cm, 1969, Privatbesitz (S. 28)
– Druck von Rembrandt: Der Heilige Hieronymus in bergiger Landschaft, Radierung, 26 × 20,8 cm, um 1653, Cambridge, Fitzwilliam Museum (S. 29)

Textauszüge aus:

– Paul Eluard (1895–1952): La victoire de Guernica, 1937. In: Der Sieg von Guernica von P. Eluard. Aus dem Französischen übertragen von St. Hermlin, Schwiftingen 1979 (Text 70)
– Heinrich von Kleist:Empfindungen vor Friedrichs Seelandschaft mit einem Kapuziner, 1810. In: Deutsche Kunstwerke beschrieben von deutschen Dichtern. Hrsg. von W. Waetzold, Wiesbaden 1948, S. 101 f. (Text 71)
– Paul Gauguin: Brief an den dänischen Maler Willumsen. In: Künstlerbriefe über Kunst. Hrsg. von H. Uhde-Berneys. Dresden 1956, S. 806 f. (Text 72)
– J. Christian Dahl über C. D. Friedrich. In: Caspar David Friedrich in Briefen und Bekenntnissen. Hrsg. von S. Hinz, Berlin 1968, S. 217 (Text 73)

Bezugsliteratur

H. Lützeler: Kunsterfahrung und Kunstwissenschaft, Bd. 1, Freiburg/München 1975.

In dieser Stunde sollen die Schüler zunächst lernen, mit nichtwissenschaftlichen Äußerungen über Kunstwerke umzugehen. Hierzu steht eine Auswahl von Bildern und Texten zur Verfügung, die verschiedene Möglichkeiten der subjektiv interpretatorischen Auseinandersetzung mit der Kunst wiedergeben.

Verlaufsskizze

1. Unterrichtsschritt

Es wird gut sein, alle Schüler zum Lesen der Texte und Betrachten der Bilder im Schülerarbeitsheft anzuhalten und sie aufzufordern, zur Bearbeitung einen der Texte zu wählen. Auf diese Weise entstehen in der Klasse Interessengruppen, die ihre Arbeit getrennt aufnehmen können.

2. Unterrichtsschritt

Die Bearbeitung der Texte sollte den Schülern möglichst selbst überlassen bleiben. Der Lehrer sollte lediglich dann Hinweise geben, wenn er als Berater der einzelnen Gruppen den Eindruck hat, daß die Schüler den für die Beurteilung notwendigen Ansatz nicht selbst finden können. Ein Bearbeitungsschema kann zeitsparend wirken (vgl. Tafelanschrieb, Schülerarbeitsheft).

In dem Text von Paul Eluard (1895–1952) begegnet den Schülern eine dichterische Bearbeitung des Guernica-Stoffes. Eluard war Mitglied der surrealistischen Gruppe um Breton und Picasso freundschaftlich verbunden. Eluards lyrische, leidenschaftliche und bildnerische Poesie gehörte zu jener Art von Dichtung, die Picasso in der surrealistischen

Literatur am meisten bewunderte. Eluard eröffnete z.B. die Ausstellung Picassos in Barcelona 1936, womit dokumentiert ist, daß beide auch politisch auf der gleichen Seite standen. Das Gedicht wurde erstmals in den Cahiers d'Art, 1937, Nr. 4/5 zusammen mit vielen anderen positiven Stellungnahmen über Picassos Bild Guernica veröffentlicht. Es muß hier – leider – gekürzt wiedergegeben werden. Auch in der deutschen Fassung von Stephan Hermelin ist noch etwas von dem Freischwebenden der ‚écriture automatique' der Surrealisten zu spüren. Eine rein analytische Durchdringung des Gedichtes ist unmöglich, ja verletzt den lyrischen Grundton des Gedichtes.

Die Schüler können herausfinden, daß Eluard eine subjektive, künstlerischen Gesetzen sprachlicher Ausdrucksform folgende Stellungnahme abgibt. Sie bezieht sich nicht ausdrücklich auf das Bild von Picasso, sondern eher auf den Umstand der Zerstörung Guernicas. Das Gedicht ist also als adäquate dichterische Äußerung über das geschichtliche Ereignis zu verstehen. Es ist daher – ebenso wie das Bild Picassos – der Interpretation bedürftig.

Heinrich von Kleist (1777–1811) schrieb über das Bild von Caspar David Friedrich einen Text, der gegen die damalige Meinung akademischer Kreise (Friedrichs ‚trostlose Kunst') gerichtet war. Gemeinsam mit Brentano und von Arnim als ‚Gemäldegesprächs im Geschmack der Zeit' ausgeführt (vgl. 2. Doppelstunde und Text 5 im Schülerarbeitsheft) geben Kleists Worte tiefe Deutung der Landschaftskunst Friedrichs und enthalten in kongenialer Weise das Bekenntnis des märkischen Dichters zu der vertrauten norddeutschen Haltung des Malers (Waetzold).

Die Schüler können erkennen, daß Kleist an unmittelbare Erfahrungen anschließt, die jeder am Meer machen kann. Er stellt die Empfindungen aber sogleich in einen universalen Zusammenhang („... daß man alles zum Leben vermißt und die Stimme des Lebens dennoch im Rauschen der Flut, im Wehen der Luft... vernimmt."), der geprägt ist von dem Gegensatz Kreatur/Natur, was der romantischen Denkungsart entspricht („Dazu gehört ein Anspruch, den das Herz macht, und ein Abbruch..., den einem die Natur tut"). Dieser Idee folgt nun sogleich ein weiterer kühner Gedanke: Kleist setzt das betrachtende Subjekt (als Teil der Natur) zu dem Bild (als Teil der universalen Kunst) in ein unauflösbares Miteinander. Indem er sich als Betrachter in das Bild miteinbringt („... so war ich selbst Kapuziner...") und gleichzeitig dessen Wirkungen auf sich als Betrachter zu empfinden und darzustellen vermag („Das Bild liegt mit seinen zwei oder drei geheimnisvollen Gegenständen wie die Apokalypse da..."), gewinnt er einen Zugang zum Bild, der die persönliche Miteinbeziehung durch die Bilderfahrung als Betrachter überprüfbar macht und ein Qualitätserlebnis ermöglicht (vgl. 2. Doppelstunde, Text 9 und Ergebnis der Bearbeitung).

Im Gegensatz zu einem ‚normal Begeisterten' findet er als Dichter zu einer Wortsprache, die dem Bild gemäß ist und bei der Tendenzen objektivierender Einordnung des Erlebten („Gleichwohl hat der Maler zweifelsohne eine ganz neue Bahn im Felde seiner Kunst gebrochen...") festzustellen sind (vgl. auch 2. Doppelstunde, Text 9 und Ergebnis der Bearbeitung).

Ein Beispiel der visuellen Äußerung über Kunstwerke stellt das Bild „Der Besuch" von M. Valdes (Valencia 1942) und R. Solbes (Valencia 1940) dar. Beide haben sich seit 1964 zur Gruppe ‚Equipo Crónica' zusammengeschlossen, deren Programm es ist, Bilder kollektiv zu malen.

„Der Besuch" gehört zu einer Bildserie „Guernica 69", die den Wandel in der Rezeption eines Bildes darstellen will.

In dem Bild „Der Besuch" wird Guernica

von Picasso verwendet, um die Wirkungsmöglichkeiten des Bildes in einer Art ‚Realutopie‘ vor Augen zu führen: Die Figuren des Guernica-Bildes agieren körperlich existent in der Wandnische eines Museumraumes. Der Arm der Lichtträgerin erleuchtet den Raum, in den die Hand des Kriegers und die sich hinschleppende Frau geraten sind. Sie hinterlassen weiße Schemen auf der Bildfläche. In der Saaltüre erscheint Besuch.

Das Bild lebt davon, daß Teile der Bildvorlage und die Bildvorlage selbst neuen Realitätsebenen zugeordnet werden, was zur Irritation des Betrachters führt. Die Schüler müßten erkennen, daß trotz Verwendung einer Bildvorlage die Gestaltung auf den Betrachter verändernd einwirkt und eine kritische Komponente einbringt. Durch die Einführung der neuen Realitätsebenen gelingt es den Malern, das Guernica-Bild dem ästhetischen Kunstkonsum zu entreißen (These) und erneut zu einem politischen Fanal werden zu lassen (Antithese). Beides wird auf die in Wirklichkeit wie im Bild erscheinenden Besucher bezogen, denen als Bildbetrachtern ein kritisches Bewußtsein gegenüber der eigenen Fehlreaktion (Ideologiekritik) suggeriert wird. Vom Betrachter wird eine politische Haltung abverlangt, die über das bloße Betrachten des Bildes hinausgeht (Synthese). (Vgl. 12. Doppelstunde, 4. Unterrichtsschritt und die Arbeitsergebnisse des Tafelanschriebs im Stundenblatt!)

Der Brief, den Paul Gauguin (1848–1903) an den dänischen Maler Willumsen schrieb, zeigt etwas von der unmittelbaren Erlebniskraft des Künstlers, der sich seine Welt ordnet und ein Gefühl für Qualität entwickelt, das keineswegs nur in Verbindung mit seinem eigenen Arbeiten steht. Die Schüler sollten erkennen, daß Gauguin als praktizierender Künstler auf die Logik geschichtlicher Bezüge verzichtet und ‚immanente Formprobleme‘ abhandelt (bzgl. der Werke von Hals/Ingres/Rembrandt), die für ihn ‚an sich‘ existieren. Gauguin zeigt sich wenig beeindruckt von den Werken, die als ‚Huldigung an die große Masse‘ geschaffen wurden und empfiehlt, sich einer solchen auf Anerkennung zielenden Kunsttätigkeit zu enthalten, wenn auch die Werke, die aus dieser Haltung heraus entstanden sind, technisches Können zu bezeugen vermögen (siehe Vergleich mit Rubin!).

Wenn er über den Löwen spricht, die Landschaft, den lesenden Hieronymus, so wird deutlich, daß er denjenigen als wahren Künstler sieht, der seiner Phantasie in höchstem Maße Ausdruck geben kann und für den technisches Vermögen nur eine Voraussetzung dazu bildet. Indem er sich gegen das Stofflich-Gegenständliche wendet, gibt er sich als einer der Stammväter der klassischen Moderne zu erkennen, die den literarischen Vorwurf gegen das konkrete bildnerische Material vertauschen – wie nach Gauguins Meinung auch Händel! Ihm, wie vielen Künstlern, ist es um die Erscheinungsweise des Werkes zu tun. Er beherrscht die ‚immanente Werkgestaltung‘ als sein Handwerkszeug und neigt zu einer phänomenologischen Betrachtungsweise wie Goethe (vgl. Ergebnisse aus der Bearbeitung der 3.–5. und 7. Doppelstunde!)

Die Äußerungen Johann Christian Claussen Dahls (1788–1857) über Caspar David Friedrich sind die Worte eines in der realistischen Landschaftsmalerei erfahrenen Akademieprofessors in seiner Wahlheimatstadt Dresden. Dem aus Kopenhagen kommenden Landschaftsrealisten will die romantische Auffassung Friedrichs wegen des Symbolwerts der Naturdarstellung nicht so recht schmecken. Er hebt so vielmehr auf das Naturstudium Friedrichs ab, das ihn in der Tat von fast allen anderen Malern seiner Zeit unterschied. Friedrich malte z. B. Wolkenformationen und studierte die daraus resultierenden Klimaeinwirkungen! Aber es ist typisch für die Verstehensmöglichkeiten Dahls, daß er von seinen eigenen Erfahrun-

gen ausgeht, um Friedrich näherzukommen, nicht ohne sich auf die Zeit Friedrichs und die damalige Kunstauffassung, die dem Realismus nahestand, zu beziehen.
Die Schüler können erkennen, daß hier jemand, der das Handwerk des Malens von Landschaften offensichtlich kennt, von seinen eigenen Erfahrungen ausgeht, um einen anderen, früher Geborenen zu verstehen. So zeigen sich hier Ansätze eines hermeneutischen Vorgehens, das sich das verständlich zu machen versucht, was Friedrich ehedem malte und anderen so befremdlich schien. Jedoch bleibt er auf der Ebene der subjektiven Anschauungen stehen, da er es versäumt, aus einer wissenschaftlichen Bearbeitung des Quellenmaterials eine Beurteilung Friedrichs, die ihn aus der Sicht seiner Zeit bewertet, zu erarbeiten (vgl. 11. Doppelstunde, 1. Unterrichtsschritt und entsprechender Tafelanschrieb!).

3. Unterrichtsschritt

Die einzelnen Gruppen tragen ihre auf die verwendeten Methoden gerichteten Erkenntnisse vor. Da alle Schüler im voraus die Texte einmal gelesen haben (vgl. 1. Unterrichtsschritt), kann hierüber sogleich gesprochen werden, Korrekturen können eingebracht und an der Tafel die wichtigsten Einsichten aufgelistet werden (vgl. Tafelanschrieb, Stundenblatt).
Allen Ansätzen ist gemein, daß sie vom subjektiven Dafürhalten ausgehen und unter der Kategorie ‚nichtwissenschaftliche Kunsterfahrung' zusammengefaßt werden können. Falls die Zeit ausreicht, bietet es sich an, diesen Ansätzen eine qualitätvolle wissenschaftliche Bearbeitung gegenüberzustellen, um auf diese Weise die unterschiedlichen Zugänge zu Kunstobjekten zu verdeutlichen (z. B. Wieland Schmied: Caspar David Friedrich. [DuMont] Köln 1975, S. 60 ff.).

Zur Vorbereitung der nächsten Doppelstunde sind in den losen Stundenblättern drei Aufgabenstellungen, die in Hausaufgabe gelöst werden können, vorgestellt.

15. Doppelstunde: Außerwissenschaftliche und wissenschaftliche Äußerungen über Werke der bildenden Kunst

Ziel

Die Schüler sollen die wissenschaftliche Bearbeitung von Kunstwerken in Katalogen und die Stellungnahmen von Kunstkritikern beurteilen und ihren Wahrheitsgehalt überprüfen lernen.

Teilziele

- Die Schüler sollen wissenschaftliche Katalogtexte von nichtwissenschaftlichen Texten unterscheiden lernen.
- Die Schüler sollen selbst Werke der bildenden Kunst in der Form eines Katalogtextes beschreiben können.
- Die Schüler sollen unterschiedliche Methoden der Kunstkritik kennenlernen und diese auf ihren jeweiligen Aussagewert hin überprüfen können.
- Die Schüler sollen das Interesse des Künstlers an seinem Werk und die Interessen des historisch Forschenden unterscheiden und darüber reflektieren können.

Materialien

Reproduktion von:

C. D. Friedrich (1774–1840): Mönch am Meer, Öl auf Leinwand, 110 × 171,5 cm, 1809/10, Berlin, Nationalgalerie (s. Farbtafel)

Faksimile einer Zeitungskritik des NPD-Kuriers 6/68 mit Abbildungen von J. Hiltmann (Elephantenkot, 1968 und Piet Mondrian (Tableau N VII. Komposition mit Blau, Gelb, Schwarz, Rot, 1925) (Text 78)

Textauszüge aus:

- H. Wölfflin: Über Galeriekataloge 1907. In: ders.: Kleine Schriften. Basel 1946, S. 153 (Text 74)
- H. Lützeler: Die Kunstkritik. In: Kunsterfahrung und Kunstwissenschaft, 3 Bde. Freiburg/München 1975, 1. Bd. S. 100 (Text 76)
- H. Grohn: Der Mönch am Meer. In: Caspar David Friedrich – Kunst um 1800. Katalog zur Ausstellung, Hamburger Kunsthalle 14. September – 3. November 1974, S. 162 f. (Text 75)
- W. Minaty: Kunst im Freien, Schweizer Plastik in einer Ausstellung Biel. In: Südkurier, Konstanz, 14. August 1980, S. 2 (Text 77)
- H. Read: Das Problem des Zeitgeistes. In: ders.: Die Kunst der Kunstkritik und andere Essays zur Philosophie, Literatur, Kunst. Gütersloh 1957, S. 359 ff. (Text 79)
- K. Fiedler: Über die Beurteilung von Werken der bildenden Kunst, 1876. Hrsg. von E. Parnitzke, Ratingen 1960, S. 44 f., S. 51 (Text 80)

Bezugsliteratur

- H. Bösch-Supran: Die Bildgestaltung bei C. D. Friedrich, München 1960
- L. Venturi: Geschichte der Kunstkritik. 1964. München 1972
- A. Dresdner: Die Entstehung der Kunstkritik. München 1968

Mit der 15. Doppelstunde endet der Kurs über die Methoden der Bildanalyse. Es ist daher angebracht, in dieser Stunde noch einmal über die grundsätzlichen Entscheidungen, die der Interpret bzgl. seines Verhaltens gegenüber Kunstwerken zu fällen hat, zusammenfassend zu sprechen. Dies geschieht hier auf zwei Ebenen:

1. Es wird auf die Anwendungsbereiche des Interpretierens, d. h. auf die wissenschaftliche Katalogarbeit und den Vorgang der aktuellen Kunstkritik eingegangen.
2. Die zweite Ebene bildet sich durch die Überlegungen auf der ersten Ebene heraus: Letztlich kann man alle Fragen zur Interpretation von Kunstwerken zwei Grundkomplexen menschlicher Einstellung gegenüber zu den Gegebenheiten zuordnen: das historische, den Wandel der Zeit wie den Zeitgeist berücksichtigende Denken und die ahistorische Betrachtungsweise. Diese zwei Möglichkeiten sollen den Schülern im zweiten Teil der Stunde bewußt werden.

1. Unterrichtsschritt

Die Schüler werden aufgefordert, den im Schülerarbeitsheft abgedruckten Katalogtext von Grohn über das Bild „Mönch am Meer" von C. D. Friedrich zu lesen. Eine erste grobe Einschätzung der angewendeten Methode sollte gefordert und in die Tabelle, die im 3. Unterrichtsschritt der 14. Doppelstunde begonnen wurde, eingetragen werden (vgl. Tafelanschrieb, Stundenblatt).

2. Unterrichtsschritt

In einem zweiten Durchgang sollen die Schüler nun eine Gliederung des Textes erarbeiten.

Bei diesem von einem Kunsthistoriker verfaßten Text ist leicht zu erkennen, daß hier alle nur erreichbaren Quellen herangezogen wurden, um die Entstehung, Herstellung und Wirkung des Bildes möglichst objektiv darzustellen. Der hier leicht gekürzte Text gliedert sich in verschiedene, für einen qualitätvollen sog. wissenschaftlichen Katalog typische Abschnitte:

1. Angaben über Titel, Größe, Technik, Besitz und Verbleib des Bildes einschließlich des jetzigen Standorts mit Inventarnummer (kursiv gedruckt).
2. Es folgt ein Abschnitt, in dem die Motive erörtert werden, die zu dem Bild geführt haben könnten (Aspekt ‚Entstehungsgeschichte').
3. Schon ab Zeile 8 geht der Text über in herstellungsgeschichtliche Aspekte, indem das Werden der Werkgestalt mit Textquellen belegt (Zeile 6 bis 36) und der Werdegang durch Forschungsergebnisse (Infrarotaufnahmen) gestützt wird.
4. Mit Zeile 37 beginnt die Darstellung der Rezeptionsgeschichte des Bildes, indem zunächst die Umstände seiner ersten öffentlichen Ausstellung auf das genaueste verfolgt werden. Dies ist wegen der Identifikation des vorhandenen Bildes mit dem in den Quellen erwähnten von größter Wichtigkeit. Jede Expertise (schriftliches Gutachten eines ‚Experten' über die Echtheit eines Kunstwerkes) steht und fällt mit diesem lückenlosen Nachweis, der hier auch mit Erfolg geliefert wird.
5. Ab Zeile 55 wird über die Wirkungen des Bildes und seine nachfolgenden Erwähnungen gesprochen, deren Nachweise hier gekürzt wurden.
6. Ab Zeile 65 wird dieses Werk in das Gesamtwerk des Künstlers eingeordnet, was ohne eine qualitative Einschätzung und Datierung nicht möglich ist.
7. Ab Zeile 68 wird über die Deutungsmöglichkeiten gesprochen, was dazu veranlaßt,
8. ab Zeile 70 nach beispielgebenden Vorläufern und bildlichen Nachwirkungen zu fragen (vgl. Tafelanschrieb, Stundenblatt).

Für den, der diesen Ansätzen noch weiter nachgehen will, sei hier die weiterführende Literatur genannt:

- Zeitschrift für Kunstwissenschaft XIX, 1965. Darin: H. Bösch-Supran: Bemerkungen zu C. D. Friedrichs ‚Mönch am Meer'
- W. Sumowski: C. D. Friedrich – Studien 1970
- H. Ost: Einsiedler und Mönche in der deutschen Malerei des 19. Jahrhunderts. In: Bonner Beiträge zur Kunstwissenschaft, Band 11, 1971.

Auf diese Weise ist der geistesgeschichtliche Wirkungsraum des Bildes voll bestimmt und einer angemessenen Beschäftigung mit dem Bild selbst der Weg bereitet. Es muß jedoch auffallen, daß eine werkimmanente Beschreibung des Bildes fehlt.
Falls die Schüler aufgefordert wurden, zu Hause selbst einen Katalogtext zu entwerfen, ist es nun interessant zu erfahren, wie sie sich selbst zu diesem Problem verhalten haben. Ansonsten verweist der Lehrer jetzt auf den Text von Wölfflin im Schülerarbeitsheft.

3. Unterrichtsschritt

Kann ein wissenschaftlicher Katalogtext, wie jener über das Bild ‚Mönch am Meer' von C. D. Friedrich, auf eine Bildbeschreibung (immanente Werkanalyse) verzichten?
Beachtet man Wölfflins eingangs getroffene Feststellung (siehe 1. Doppelstunde, Text 3, Zeile 12 bis 17), daß nicht jeder sieht, was es zu sehen gibt, muß dieser Mangel auch auf Grund der Erfahrungen, die die Schüler selbst inzwischen gemacht haben, bedauert werden (s. auch Text 74). Ein Katalog könnte auch eine Anleitung zum angemessenen Sehen des Bildganzen sein. Wenn er es hier nicht ist, so muß das seine Gründe haben. Welche könnten angeführt werden?
Tatsächlich bemüht sich der Autor des Katalogtextes nur um ein Erklären der historischen Situation. Nirgends tritt der Wissenschaftler mit einer eigenen Meinung auf. Der Katalogtext hält also nur die quellenmäßig

belegbaren Tatsachen fest, vermeidet aber eine Interpretation. Sie wäre notwendig, wenn das Bild selbst zum Gegenstand von Erklärungen gemacht würde. Erst hier entsteht die schon in der 11. Stunde an Hand des Textes nach Seiffert, und den Erläuterungen dazu, erwähnte Spannung zwischen dem gegenwärtig Forschenden und dem in der Vergangenheit entstandenen Werk. Das Fehlen einer Bildbeschreibung – die ja sogleich auch eine Bildinterpretation ist – im wissenschaftlichen Katalog hat also methodische Gründe (vgl. 9. Doppelstunde, 4. Unterrichtsschritt). Damit ist zwar dem wissenschaftlich Gebildeten nicht aber den übrigen Betrachtern von Bildwerken geholfen. Für sie finden sich Beschreibungen des vor Augen stehenden Werkes und Analysen werkimmanenter Zusammenhänge in didaktischem Material, das den Besuchern von Kunstausstellungen und Museen heute häufig angeboten wird (vgl. Tafelanschrieb, Stundenblatt).

Es bleibt dem Lehrer anheimgestellt, ob er ein solches didaktisches Material aus einem der umliegenden Museen seines Schulortes mit den Schülern als Beispiel einer verstehenden Beschäftigung mit Kunstwerken auf wissenschaftlicher Ebene bearbeitet oder den Tatbestand als solchen (wie hier) nur erwähnt.

4. Unterrichtsschritt

Im folgenden soll die durch Quellenstudium und methodisches Vorgehen abgewogene wissenschaftliche Darstellung mit den aus aktuellen Anlässen abgefaßten kunstkritischen Äußerungen verglichen werden, um Aufgaben und Methoden der Kunstkritik kennenzulernen.

Als Einführung in diese Thematik wird der Text von H. Lützeler über die Kunstkritik im Schülerarbeitsheft gemeinsam gelesen und die darin enthaltenen Aussagen an den von Lützeler verwendeten Termini besprochen:

- *Kritik* – ursprünglich: beurteilen, entscheiden, unterscheidendes Wahrnehmungsurteil / Denkakt, wird erst spät (vgl. z. B. noch Kants ‚Kritik‘ der reinen Vernunft!) zu: Besprechung künstlerischer Darbietungen unter Einschluß von persönlicher Wertung und dadurch Einflußnahme in der Öffentlichkeit.
- *An der Grenze der Wissenschaft:* wissenschaftlich ist eine Betrachtung, wenn sie Tatsachen von Entscheidungen unterscheiden kann und hierfür allgemein nachvollziehbare Methoden anbietet. Auch der Kritiker ist auf Erkennen von Tatsachen angewiesen, doch allzuhäufig überwiegen Meinungen, die von subjektiven Anmutungen und nicht von dem Streben nach Erkenntnis gespeist sind, obwohl sie Ziel und Zweck jeder Kritik sein müßte!
- *Im Laufe ihrer langen Geschichte:* Platon ist der erste, der die unterscheidende Funktion des Denkens in dieser Weise begriff.

  Ab der Renaissance wird der subjektive Anteil in der Kritik stärker betont, diese wird im 19. Jahrhundert Parteinahme und schließlich im 20. Jahrhundert oft nur noch ein Bekenntnis zur ‚Aktualität‘.
- *Verwirrung um die Kunstkritik* – gestiftet von dem Widerspruch zwischen unterscheidendem Denken und persönlichem Meinen, der Quellenabhängigkeit dort und der individuellen Sensibilität hier. Das bewirkt, daß zwischen Geschmacks-, Wert-, und Gesinnungsurteilen in Kritiken kaum je ausdrücklich unterschieden wird.
- *Selbstverständnis:* der Kunstwissenschaftler lernt in der Regel, Vergangenes durch Quellenbelege erkenntnismäßig zu sichern, weswegen er in der Gegenwartkunst auch nur schwer Fuß fassen kann. Sie ist jedoch in der Regel das Stoffgebiet des Kritikers und oft durch kaum etwas anderes als das eigene Dafürhalten darzustellen, da es eine ‚Wissenschaft der Kritik‘ nicht gibt. Der Kritiker muß also mit dem

Irrtum, dem Fehlurteil und einer fehlgeleiteten Sensibilität in der Öffentlichkeit leben, was der Entwicklung eines definierbaren Selbstverständnisses hinderlich ist.

5. Unterrichtsschritt

Sind die Schüler auf diese Weise mit der Problematik der Kunstkritik bekannt gemacht und dabei unvermittelt mit dem Problem der ‚Interpretation' erneut konfrontiert worden, ist es angebracht, einige Kunstkritiken zu bearbeiten. Prinzipiell lassen sich Kritiken auffinden, die dem subjektiv-emotionalen Bereich zugeordnet werden können (vgl. Text „Teure Pseudokunst" im Schülerarbeitsheft) oder solche, die auf ein beschreibend-phänomenologisches Vorgehen zurückzuführen sind (vgl. Text „Kunst im Freien" im Schülerarbeitsheft) und solche, die einer historisch-herleitenden Untersuchung entsprechen.
Um die Probleme der Kunstkritik kennenzulernen, reichen die zwei hier ausgewählten Texte aus.

Die Kritik „Kunst im Freien" besteht aus der Beschreibung von Erscheinungsweisen der Plastik-Ausstellung, eingeleitet durch Anmerkungen über anfängliche Pläne (Christo), und Folgerungen, die aus dem unmittelbaren Eindruck gewonnen sind („Auffallend ist ... die Zurückhaltung vor dem Figurativen ..."). Dem Leser wird kein Standpunkt aufgezwungen, vielmehr wird ihm gezeigt, was es (zusammengefaßt) zu sehen gibt (nämlich Konstruktives) und wie man zu einem Ansatz des Nachdenkens von Eigentümlichen kommen kann (Werkstoff Holz als Antipode zu Eisen und Stahl, Zeichen industrieller Fertigung).
Methodisch handelt es sich um eine folgernde Beschreibung – ähnlich der Goethes vor dem Straßburger Münster (7. Doppelstunde) – nur ohne deren tiefergreifende Einsichten in ein Ganzes. Zwar ist im Ansatz ein wahrnehmendes Unterscheidungsurteil eingearbeitet („Ebenfalls auffallend ist, daß sich gerade die jüngere Künstlergeneration auf das Holz als dem Stoff besinnt, der weniger als Stahl und Eisen an industrielle Fertigungen denken läßt"), doch fehlt der im Ganzen verständlich gehaltenen Berichterstattung über einen aktuellen Anlaß eine verläßliche Urteilsebene, aus der heraus etwas verstanden oder erklärt werden könnte. Das Mitgeteilte bleibt in der Schwebe.

Das Gegenteil ist in der Kritik „Teure Pseudokunst" der Fall. Hier wird Stellung genommen – jedoch nicht auf Grund eines unterscheidenden Wahrnehmungsurteils, sondern aus einem Vorurteil heraus, das sich aus Geschmack und Gesinnung bildet und sich mit Zitaten (ohne Quellenangabe) Spenglers und Liebermanns ziert, ohne auch nur im geringsten bedacht zu haben, gegen wen sich Spengler und Liebermann zu ihrer Zeit mit den angeführten Worten wendeten!
Durch die Behauptung, die ‚modernistischen Machwerke' seien schon „über ein halbes Jahrhundert alt", wird die Spannung zwischen Gegenwart (J. Hiltmann 1968) und Vergangenheit (Spengler 1917) vertuscht, ein Zitat zweifach aus dem Zusammenhang gerissen: aus dem Zusammenhang seiner Zeit und dem des Textes. Spengler (1880–1936) schrieb tatsächlich:
„Was besitzen wir heute unter dem Namen ‚Kunst'? Eine erlogene Musik voll von künstlichem Lärm massenhafter Instrumente, eine erlogene Malerei voller idiotischer, exotischer und Plakateffekte, eine erlogene Architektur, die auf dem Formenschatz vergangener Jahrtausende alle zehn Jahre einen neuen Stil ‚begründet', in dessen Zeichen jeder tut, was er will, eine erlogene Plastik, die Assyrien, Ägypten und Mexiko bestiehlt. Und trotzdem kommt dies allein, der Geschmack von Weltleuten, als Ausdruck und Zeichen der Zeit in Betracht. Alles übrige, das dem gegenüber an den alten Idealen

‚festhält', ist eine bloße Angelegenheit von Provinzialen. (Oswald Spengler: Untergang des Abendlandes [1919]. 1. Bd., 3. Aufl., München 1921, S. 398).

Aus dem Zitat wird deutlich, daß Spengler diesen Entwicklungsprozeß der Kunst als unumgänglich ansieht, wenn auch aus der Perspektive eines Kulturpessimisten nach dem ersten Weltkrieg – während die Kritik „Teure Pseudokunst" uns weismachen will, es gäbe noch eine andere Kunst – die nicht ‚vorherrschenden Moderichtungen' angehört und kein ‚Geld des Steuerzahlers' braucht.

Max Liebermann (1847–1935) in diesem Zusammenhang anzuführen, verbietet sich schon von seinem Geburtsdatum her. Bereits 67jährig leitete er in Berlin die ‚Freie Sezession' und, obwohl er der Wegbereiter der Impressionistischen Malerei in Deutschland war (und um 1914 zu den ‚Konservativen' zählte!), förderte er nicht nur Künstler wie H. v. Marées, Gaul und Kolbe, sondern auch Macke, Barlach und Lehmbruck.

Dem Schüler muß zweierlei verdeutlicht werden, was am besten dadurch in die Wege geleitet wird, daß je eine Gruppe eine Kritik bearbeitet und vor dem Plenum die Analyse vorstellt:

1. Es gehört zu den Tugenden eines im Methodischen gebildeten Menschen kritisch denken und handeln zu können – das heißt bzgl. der Kritik aus dem NPD-Kurier z. B., den Methoden dieser Kritik auf die Spur zu kommen. Sie versucht mit der Klitterung scheinbar historischer Belege und der eigenen Gesinnung, die Emotionen des Lesers gegen etwas zu wenden, über das er sich durch fehlende sachliche Information selbst noch keine Meinung hat bilden können. Es wird ein erdachter Zusammenhang konstruiert, der z. B. die Probleme einer gegenwartsnahen Kunstförderung gänzlich ausklammert.
2. Das Hauptproblem gegenwartsnaher Kunstförderung ist das Fehlen historischer Leitlinien. Was aber dann zur Geltung kommen sollte, ist nicht die Herrschaft des eigenen Geschmacks, nicht die Aneignung von Werken für politische Zwecke, sondern einzig die intensive Beschäftigung mit dem Sichtbaren. Erst dann läßt sich ein begründetes Urteil fällen – mag es sich nun im Fortgang der Geschichte als richtig oder falsch erweisen – dem Zeitgeist kann trotz aller Bemühungen niemand entrinnen.

So sollte der Kritiker, wie jeder andere bewußt in der Gegenwart Lebende, im Fragen nach den Wandlungen des Zeitgeistes und dem Eingehen auf die Prinzipien bildnerischen Gestaltens sich seine Anschauung stets neu bilden.

6. Unterrichtsschritt

Diese Haltung im Schüler zu fördern, sollte das Ziel eines Gesprächs über zwei Texte (H. Read: „Das Problem des Zeitgeistes", K. Fiedler: „Über die Tätigkeit des bildenden Künstlers" im Schülerarbeitsheft) sein, was diese Unterrichtseinheit beschließen soll.

Welche Einstellung läßt sich zur Geschichtlichkeit von Kunst einerseits und ihrem zeitlosen Dasein andererseits einnehmen?

Der erste Text stammt von Sir Herbert Read (1893–1968), einem englischen Schriftsteller, Kunstkritiker und Kunsttheoretiker, der die Weiterentwicklung bei der Kunstausübung zu erklären versucht, indem er in ihr ein soziales, dem gesellschaftlichen Wandel unterworfenes Anliegen zu erkennen glaubt.

Read wertet in seinem Aufsatz den Zeitgeist als ‚Vorurteil' (erster Abschnitt), in dem allgemeine ‚ästhetische Grundwerte' nur verzerrt enthalten sind (zweiter Abschnitt).

Den Ursprung solcher Verzerrungen ästhetischer Grundwerte im Auf und Ab der Zeiten sieht Read in der Veränderung der ökonomischen Bedingungen und ihren sozialen Folgen (dritter Abschnitt).

Zum Schluß charakterisiert Read den modernen Zeitgeist und seine ‚ästhetischen Verzerrungen‘. Interessanterweise führt er auch das Bild Guernica von Picasso an und zwar unter einem Blickwinkel, der den Schülern in der 10. Doppelstunde vertraut wurde: Er richtet sein Augenmerk auf die symbolische Bedeutung der Bildgegenstände! Aber hat Picasso die Ambivalenz aller Bedeutungen im Bild wirklich gewollt? Ist dies Eklektizismus (d. h. die unoriginelle Zusammenstückelung verschiedener Stilmittel und Gedanken früherer Künstler mangels eigener schöpferischer Leistungen)? Kann man wirklich ‚Escapism‘ feststellen? Ist es überhaupt möglich, allgemein gültige Aussagen über Gegenwartsgeschehnisse im Bereich der bildenden Kunst zu machen? Handelt es sich nicht vielmehr um die persönliche Meinung eines großen Kunstkritikers und damit um außerwissenschaftliche Kunsterfahrung?

Der Text von Fiedler ist dem ersten verbunden, da er auch auf den ‚ästhetischen Wert‘ der Werke bildender Kunst gerichtet ist (Read, 2. Abschnitt): Welches sind die Werte, die unerläßlich sind, damit ein Werk der bildenden Kunst über die Zeitläufe hinweg lebendig bleibt?
Darauf versucht Konrad Fiedler (1841 bis 1895), ehemals Jurist, dann Kunsttheoretiker und Philosoph, Freund des Bildhauers A. v. Hildebrandt und des Malers H. v. Marées, eine grundsätzliche Antwort zu geben.
Schon im ersten Satz des hier abgedruckten Textausschnitts wird der autonome Charakter der bild-künstlerischen Tätigkeit festgestellt, indem Fiedler den Künstler „der Welt in ihrer sichtbaren Erscheinung“ gegenüberstellt, die nicht als etwas durch Wort und Begriff bereits Bekanntes und Beschreibbares aufgefaßt werden kann, sondern „einem unendlich Rätselhafen“ gleicht und die Aufgabe birgt, die „verworrene Masse des Sichtbaren“ aus sich heraus – und das heißt ohne jegliche begriffliche Vorstellungen – zum „gestalteten Dasein“ eines Bildes zu entwikkeln, das nicht Illustration von begrifflich bereits Vorgestelltem ist, sondern die Möglichkeit dazu mittels Bildern erst schafft. Mit diesem Anspruch wendet sich Fiedler ganz entschieden gegen alle Umsetzungen literarischer Vorwürfe in Bilder, wie dieses im 19. Jahrhundert vornehmlich in der akademischen Kunst geübt wurde. Dieser Gedankengang Fiedlers hat z. B. H. Wölfflin so beeindruckt, daß er sich entschied, fortan alles historische Forschen beim Erfassen des Anschaulichen jedes Einzelwerks beginnen zu lassen (‚Nicht jeder sieht was es zu sehen gibt‘ – und ‚Sehen muß gelernt sein‘, vgl. Text 3).

Im letzten Abschnitt setzt er den Künstler vom Wissenschaftler ab. Er kommt zu einem Ergebnis, das wie eine Zusammenfassung des ganzen Kurses anmutet: die 3. bis 5. und 7. Doppelstunde stehen gegen die 1. und 8. bis 12. Doppelstunde! So bleibt die Frage offen, ob sich der Betrachter von der Seite des Künstlers oder der Seite des Wissenschaftlers dem nähern will, was seiner eigentümlichen Struktur wegen von vorneherein der Interpretation bedürftig und Zeitströmungen verhaftet ist! Inwieweit die Klasse und in ihr der Einzelne zu einem teilnehmenden Gespräch und einer persönlichen Stellungnahme wird angehalten werden können, muß der jeweiligen Situation überlassen bleiben. Wem das Gespräch nicht genügt, kann den Sachverhalt auch zu einer Gegenüberstellung an der Tafel bringen (vgl. Tafelanschrieb). Tatsächlich handelt es sich nun aber nicht nur um ein Wissen über Möglichkeiten, sondern um ein Sich-Entscheiden im Handeln. Dies sollte jedem selbst überlassen bleiben – jetzt und im Verlauf seines Lebens!

Weitere Hefte dieser Reihe:

Sekundarstufe I

Hans-Jürgen Giesecke

Stundenblätter
Farbe

62 Seiten + 20 Seiten Beilage, geh., Klettbuch 928121

Dieter Osler

Stundenblätter
Fotografie

89 Seiten + 25 Seiten Beilage, geh., Klettbuch 928141

Sekundarstufe II

Günther Kälberer / Dorothea Schappacher

Stundenblätter
Architektur

138 Seiten + 56 Seiten Beilage, kart., Klettbuch 928151

dazu Arbeitsheft
48 Seiten, ca. 80 Schwarzweißabbildungen, Klettbuch 20593

Klaus Kowalski

Stundenblätter
Plastik

139 Seiten + 48 Seiten Beilage, kart., Klettbuch 928161

dazu Arbeitsheft
40 Seiten, mit zahlreichen schwarzweißen und farbigen Abbildungen, Klettbuch 20594

Ulrich Hamm

Stundenblätter
Farbe

100 Seiten + 27 Seiten Beilage, geh., Klettbuch 928131

dazu Arbeitsheft
40 Seiten mit vielen farbigen Abbildungen, Klettbuch 205920

Klaus Kowalski

Grundriß einer Didaktik des Unterrichtsfaches Kunst und Kommunikation

Sehen, Gestalten, Mitteilen

341 Seiten, kart., Klettbuch 92453

Fachdidaktik läuft Gefahr, zu einer folgenlosen normativen Wissenschaft zu werden, wenn sich ihre Vertreter nicht auf das pädagogische Handeln in der Schule beziehen. So ist denn das Grundanliegen des Autors eine handlungsorientierte Didaktik, in der er engagiert für die Sache der Schüler eintritt. Die Auswahl der fachlichen Ziele und Inhalte orientiert er an der Realität in Schule und Gesellschaft.
Aus dem Blickwinkel der realen Anforderungen in unserer Kultur überwindet er auch die Kluft zwischen den unversöhnlich einander gegenüberstehenden Konzepten der visuellen Kommunikation, bildenden Kunst und ästhetischen Erziehung.

Inhaltliche Schwerpunkte:
- Begründungsproblematik aus systematischer und historischer Sicht
- Darstellung der Lernbereiche Sehen, Gestalten, Mitteilen mit je alternativen Möglichkeiten
- Erörterung der methodischen Bearbeitung und technischen Verwirklichung in der Schule
- Überprüfung der Fachinhalte und -ziele an den Interessen der Heranwachsenden
- Entwicklung eines Gesamtplans für den Fachunterricht bis zur 10. Klasse
- Probleme der Unterrichtsführung und Leistungsbeurteilung